BIRKE OPITZ-KITTEL

MAMA lernt LIEBE

BIRKE OPITZ-KITTEL

MAMA lernt LIEBE

WIE ICH ALS AUTISTISCHE MUTTER GELERNT HABE, MEINEN KINDERN GEFÜHLE ZU ZEIGEN

mvgverlag

Bibliografische Information der Deutschen Nationalbibliothek
Die Deutsche Nationalbibliothek verzeichnet diese Publikation in der Deutschen Nationalbibliografie. Detaillierte bibliografische Daten sind im Internet über http://dnb.d-nb.de abrufbar.

Für Fragen und Anregungen
info@mvg-verlag.de

Originalausgabe
1. Auflage 2020
© 2020 by mvg Verlag, ein Imprint der Münchner Verlagsgruppe GmbH
Nymphenburger Straße 86
D-80636 München
Tel.: 089 651285-0
Fax: 089 652096

Erich Fried, *Zu guter Letzt* (S. 186), aus: Erich Fried, *Es ist was es ist. Liebesgedichte Angstgedichte Zorngedichte* © 1983, 1996, 2007 Verlag Klaus Wagenbach, Berlin

Redaktion: Silke Panten
Umschlaggestaltung: Isabella Dorsch
Umschlagabbildungen: shutterstock.com/Irina Qiwi
Satz: Carsten Klein, Torgau
Druck: CPI books GmbH, Leck
Printed in Germany

ISBN Print 978-3-7474-0155-2
ISBN E-Book (PDF) 978-3-96121-523-2
ISBN E-Book (EPUB, Mobi) 978-3-96121-520-1

Weitere Informationen zum Verlag finden Sie unter

www.mvg-verlag.de

Beachten Sie auch unsere weiteren Verlage unter www.m-vg.de.

Dieses Buch möchte ich meinem Mann
und meinen Kindern widmen.

Meinem Mann – meinem Lebensretter –, bei dem ich
zum ersten Mal in meinem Leben das gefunden habe,
nachdem ich mich immer gesehnt habe: echte, tiefe Liebe.

Meinen Kindern, weil sie mich eine andere,
weitere Form der Liebe gelehrt haben. Eine Liebe,
die mich über mich hat hinauswachsen lassen.

INHALT

PROLOG

Es gibt diesen einen Satz: »Kennst du einen Autisten, kennst du genau einen Autisten.« An sich stimmt dieser Satz, obwohl ich ihn nicht mag, und zwar deshalb, weil ich schon mehrmals erlebt habe, dass man genau damit Autisten ihre Wahrnehmung abspricht und sie nicht für sich selbst sprechen lässt. Im wörtlichen Sinne allerdings bedeutet der Satz, dass wir Autisten wie neurotypische, also schlicht nichtautistische Menschen auch alle unterschiedlich sind – und das gilt sowohl für unsere Stärken als auch für unsere Schwächen. Autismus oder die Autismus-Spektrum-Störung, kurz ASS, wird in der Regel als angeborene, neuronale Entwicklungsstörung oder -variante des Gehirns gesehen. Es gibt Autisten, die sehr gerne draußen sind – aus meiner Erfahrung heraus allerdings lieber in der freien Natur als im Stadtgewimmel –, aber es gibt sicherlich auch Autisten, die das anders sehen. Es gibt sogar Autisten, die gerne Konzerte besuchen, etwas, was auf mich überhaupt nicht zutrifft. Bei manchen ist das sogar ein Spezialinteresse, ebenso die Besuche in einem Fußballstadion – für mich undenkbar. Dafür kann ich auf einer

Bühne stehen und problemlos über Autismus referieren, etwas, was für andere Autisten unmöglich erscheint. Von daher ist es so wichtig, den Menschen nicht nur als »Autisten« zu sehen, sondern sich intensiv mit ihm zu beschäftigen, seine Wünsche und Vorstellungen kennenzulernen. Auch ich lerne noch viel und ganz besonders auch von anderen Autisten. Zu mir zu stehen, beispielsweise. Das fällt mir besonders in der »neurotypischen« Gesellschaft schwer und so trage ich dort oft noch meine Maske. Immerhin habe ich mir dies über Jahrzehnte antrainiert – da ist es nicht so einfach, sie von heute auf morgen abzulegen. Wenn ich verständnislos gefragt werde, warum ich »draußen« nicht einfach ich selbst bin, dann gibt es darauf eine Antwort: Das wäre möglich, ja. Es zieht aber unangenehme Konsequenzen mit sich, denn die Gesellschaft erwartet Anpassung, und so befinde ich mich immer in einem Dilemma: Bin ich ich selbst, ziehe ich unwillkürlich die Aufmerksamkeit auf mich und werde vielleicht angestarrt. Passe ich mich an, verberge meine Schwierigkeiten und leide still für mich, habe ich die Chance, mich nicht ganz aus der Gesellschaft auszuschließen. Was man dennoch nie vergessen darf: Jeder Autist zahlt für die Anpassung einen Preis und niemandem, wirklich niemandem steht es zu, diesen zu beurteilen und möglicherweise für bezahlbar zu halten.

ICH BIN ANDERS

Jeden Morgen, wenn ich erwache, kommt es mir immer noch wie ein kleines Wunder vor. Noch immer erwarte ich, dass jemand »Mama« ruft, vielleicht mich sogar aus dem Schlaf reißt wie die vielen Jahre zuvor. Doch nichts passiert. Mein ältestes Kind ist bereits vor einigen Jahren ausgezogen. Die Kinder, die noch zu Hause wohnen und inzwischen schon 15, 17, 20 und 21 Jahre alt sind, wachen selbstständig auf. Kein Quengeln, dass es doch noch so früh sei, kein »Ich möchte aber nicht in die Schule«, kein Streit um das Badezimmer. Nichts. Wenn ich heute erwache, ist Ruhe. Mein Mann schaut nach den Kindern, die sich ihr Frühstück allein zubereiten. Dabei isst jeder etwas anderes. Auf dem Speiseplan steht für Jonas, unseren Zweitältesten, Müsli; Miriam, unsere Drittälteste, isst Joghurt mit Banane; Lilly, die Viertälteste, glutenfreies Brot mit Teewurst; und »Nesthäkchen« Angelina ernährt sich gerne besonders bewusst mit Zutaten, die ich selbst nie verwenden würde. Das ist eines unserer Geheimnisse. Es wird respektiert, wenn jemand andere Dinge essen mag oder sogar allein im Zimmer essen möchte. So, wie Jonas und ich es am liebsten tun. Und immer wieder frage ich mich, wie mein Mann und ich beziehungsweise die ganze Familie das hinbekommen haben – gerade mit unserem besonderen Hintergrund, denn unsere Familie ist anders als andere Familien. Wir haben nicht nur ein autistisches Kind, sondern auch ich als Mutter bin Autistin. Allerdings habe ich diese Diagnose erst mit 37 Jahren erhalten. Mit ihr wurde mir endlich bewusst, weshalb ich anders als andere Mütter und überhaupt als andere Menschen bin – mein Gehirn verarbeitet Situationen ganz anders und mir fällt es schwer, die richtigen Gefühle bei anderen zu erkennen und dementsprechend zu handeln. Lange habe ich mich gefragt, was mit mir nicht stimmt, da ich natürlich gemerkt habe, dass ich nicht so bin wie meine Mitschüler oder Arbeitskollegen. Die Diagnose war für mich wie eine rettende Erkenntnis. Ich kann seitdem so vieles besser verstehen. Meine Familie und ich können mein Handeln und meine Reaktionen in bestimmten Situationen besser einordnen. Und ich kann gezielt an mir arbeiten – nicht, weil ich »falsch« bin, sondern, weil es mir für meine Familie wichtig ist.

Vor ungefähr 15 Jahren sah das alles noch ganz anders aus. Meine jüngste Tochter Angelina war gerade geboren – ein Frühchen. Es war tiefster Winter und bitterkalt. Dennoch musste ich mit ihr jeden Morgen in die Kälte. Mein ältestes Kind musste zur Schule, Jonas wurde jeden Morgen pünktlich um 7:45 Uhr mit einem Bus an der Straße abgeholt, um in die Schulvorbereitende Einrichtung (SVE) gebracht zu werden, Miriam ging in den Kindergarten und Lilly, die gerade zwei Jahre alt war, und Angelina mussten wohl oder übel mit mir und ihren Geschwistern nach draußen. Rechtzeitig an Ort und Stelle zu sein, erforderte viel Organisation. Unser morgendlicher Zeitplan war bis auf die letzte Minute getaktet und es durfte nichts Unvorhergesehenes geschehen, das unseren Zeitplan durcheinandergebracht hätte. Jeder musste »funktionieren«.

Mein Mann kam vom Nachtdienst erst wieder nach Hause, wenn ich vom Kindergarten zurückkam. Dass er nur im Nachtdienst arbeitete, hatte zwei Gründe. Erstens gefiel es ihm selbst besser, in der Nacht überwiegend allein selbstständig zu arbeiten, aber der zweite und noch wichtigere Punkt war: So war immer jemand von uns Eltern zu Hause. Selten verging eine Woche, in der es nicht irgendeinen Anruf von einer Stelle gab: sei es die Schule, die SVE oder der Kindergarten. Entweder wurde eines der Kinder krank oder es ging um Termine, die der Kinder wegen eingehalten werden mussten und bei denen man nicht alle Kinder mitnehmen konnte. Beispielsweise gab es regelmäßigen Kontakt mit dem Jugendamt wegen Jonas, der wegen seiner Auffälligkeiten zunächst in die SVE ging, anschließend in eine heilpädagogische Tagesstätte und später noch in ganz andere Einrichtungen. Die kleine Angelina hatte durch ihre Frühgeburt noch immer körperliche Einschränkungen, weshalb regelmäßig Termine bei Ärzten und beispielsweise der Krankengymnastik, später noch bei der Logopädie und der Ergotherapie notwendig waren. Natürlich büßte mein Mann dadurch regelmäßig seinen Schlaf ein, was sich später auch mit körperlichen Problemen rächte.

Doch zurück zu unserer Morgenroutine: Bis mein Mann also vom Nachtdienst nach Hause kam, war ich allein für die Kinder im Alter von null bis neun Jahren zuständig. Unzählige Male ging ich in der Nacht unseren Zeitplan durch. Zu spät zum Bus oder in den Kindergarten zu kommen war für mich keine Option – und so passierte es auch tatsächlich nie. Ich überlegte mir genau, wen ich wann wecken, anziehen und füttern würde. Mein Wecker klingelte um 5:30 Uhr und zuerst weckte ich Angelina, die anfangs sehr viel schlief und kaum Hunger verspürte. Immer wieder musste ich sie zum Trinken animieren und so dauerte ihr »Frühstück« mit allem Drum und Dran gerne eine Stunde. Wenn sie versorgt war, widmete ich mich den anderen Kindern, was so gegen 6:30 Uhr der Fall war. Dann wurde es trubelig, denn es hieß wecken, das Waschen und Zähneputzen überwachen, dem einen oder anderen beim Anziehen helfen, das Frühstück zubereiten und jedes Kind witterungsgerecht einpacken. Das galt insbesondere für das kleine Frühchen, welches ich extra in mehrere Decken hüllte und ihm dazu noch eine Wärmflasche in den Kinderwagen legte.

So vergingen die Jahre und die Kinder wurden immer selbstständiger, aber die Regeln für den Ablauf und meine durchdachte Planung am Morgen blieben. Irgendwann musste ich zwar kein Baby mehr füttern, dafür waren meine Fähigkeiten im Zöpfeflechten gefragt. Alle drei Mädchen hatten lange Haare und sie übertrafen sich gegenseitig mit ihren Frisurenwünschen, die ich jedoch allzu gerne erfüllte. Die Erzieher im Kindergarten waren regelmäßig entzückt und mehr als einmal fragte man mich: »Wie schaffen Sie das nur, all Ihren Mädchen jeden Morgen so schöne Frisuren zu zaubern?« Ich freute mich zwar über das Lob, doch meistens blieb ich still und lächelte nur, denn in Worten konnte ich meine Gefühle nicht ausdrücken. Ich nehme an, dass das für meine Mädchen und mich so eine Art »Kuscheln« und Körperkontakt war, aber mit einem sinnvollen Hintergrund für mich, denn einfach nur kuscheln fiel mir schwer. Die Kinder bekamen ihre Aufmerksamkeit und ich erfreute mich an den ordentlichen Frisuren.

Noch im Kindergartenalter der Mädchen beobachtete ich, wie wichtig hübsche Kleidchen den anderen Müttern und wahrscheinlich auch den anderen Mädchen waren. Dabei ging es nicht um bestimmte Marken, aber oft hörte ich auch von meinen Kindern: »Mama, schau, der glitzernde Stoff ist doch schön, nicht wahr?« Oder: »Mama, so eine tolle Hose wie meine Freundin sie hat, hätte ich auch gerne.« So ganz verstand ich damals nicht, weshalb so viel Wert auf die Kleidung gelegt wurde – mir hat sie noch nie viel bedeutet und heute bin ich wieder zu meiner »Egal, was jemand anhat«-Haltung zurückgekehrt, aber damals nahm ich an, dass das wichtig sei, und so begann ich mich für Kinderkleidung zu interessieren. Schon zu diesem Zeitpunkt bemerkte ich mehr oder weniger bewusst, dass meine Kinder anders als ich empfinden, aber da ich von klein auf die Rückmeldung erhalten hatte, an mir müsste etwas falsch sein, stufte ich ihr Verhalten und ihre Freude an Kleidung als »richtig« ein. Außerdem spürte ich, dass ich ihnen damit eine Freude machen konnte. Erst kaufte ich gebraucht sehr schöne Kleidchen, aber irgendwann kam ich auf die Idee, sie selbst zu nähen. Wieder brachte mich das den Mädchen näher, denn sie mussten ständig ausgemessen werden und brachten ihre Ideen ein wie: »Mama, wie wäre es mit einem Kleid mit Feenflügeln?« und Wünsche wie: »Diesmal hätte ich gerne so eine Hose wie Aladdin.« Ich nähte und half ihnen beim Anziehen der manchmal komplizierten Kreationen und sie bemerkten, dass ich mich stundenlang um sie kümmerte – indem ich für sie nähte. Jonas war da unbeabsichtigterweise außen vor und einmal kam er zu mir und fragte: »Mama, ist das nur eine Mädchennähmaschine?« Da begriff ich, dass auch er es als Aufmerksamkeit für seine Schwestern empfand, dass ich ihnen Kleider nähte, und ab da nähte ich auch hin und wieder etwas für ihn, auch wenn seine Einstellung zu Kleidung stets meiner glich.

Einmal in der Woche besuchte ich sogar einen Müttertreff, bei dem die Kinder malen oder basteln oder sonst wie kreativ sein konnten. Das war einer von wenigen Terminen, in denen ich in der Freizeit in Kontakt mit anderen Müttern kam. Manchmal kam es vor, dass mich andere Mütter fragten, ob wir uns nicht auch außerhalb des Müttertreffs einmal verabreden möchten, doch meistens erklärte ich nur ausweichend, dass ich das mit fünf Kindern einfach nicht schaffen würde. Die anderen Mütter zeigten Verständnis. Die Wahrheit aber war, dass es meine Routine durcheinandergebracht hätte. Zudem hatte ich Angst: Ein Treffen mit anderen Müttern, bei dem womöglich noch ein gemeinsames Abendessen mit Dingen anstand, die ich nicht mochte oder kannte, würde unweigerlich – so dachte ich – dazu führen, dass sie irgendwann merkten, dass ich so »anders« bin. Und dann würden sie mich wieder ausschließen.

»Irgendwie bin ich ›falsch‹«, dachte ich lange Zeit. Ich mochte keinen intensiven Kontakt zu anderen Menschen und wollte nicht an größeren Veranstaltungen oder Treffen teilnehmen. Ab und zu probierte ich trotzdem, Kontakte zu knüpfen, beispielsweise besuchte ich einmal eine Art Lesekreis. Ich hatte immer sehr gerne gelesen und überlegte mir, dass ich darüber vielleicht Anschluss zu anderen Frauen finden könnte. An diesem einen Treffen, bei dem ich dann nach akribischer Planung meinerseits teilnahm, ging es aber nicht nur um Bücher. Die Frauen lachten und tratschten und ich fühlte mich deplatziert. Eine Frau meinte zu den anderen: »Schaut mal, die Birke hat fünf Kinder, aber sie ist sooo ruhig und gelassen!« Da fiel mir zum ersten Mal auf, dass meine innere Welt so ganz anders ist, als ich nach außen ausstrahle. Damals war ich bereits über 30 Jahre alt und dieses Gefühl, etwas an mir zu haben, was mich von den anderen Menschen trennt, wurde mir gerade in solchen Situationen überdeutlich. Manches Mal ließ es mich regelrecht verzweifeln, weil dieses »anders« einfach nicht greifbar war. Meist ließ mich auch der Gedanke an die Verantwortung für meine Kinder diese negativen Gefühle verdrängen. Jedenfalls war es zu diesem Zeitpunkt im Kreise der Frauen in meinem Inneren unerträglich laut und alles in mir drängte danach, aus dem Raum zu stürmen. Aber so wie viele Male zuvor und auch noch danach merkte es mir niemand an.

Noch ein paar Mal unternahm ich solche Ausflüge in die vermeintliche Normalität, aber sie endeten für mich immer enttäuschend. Sie kosteten mich viel Kraft, und einen Platz, an dem ich mich zugehörig fühlte, fand ich außerhalb meiner Familie nicht. So zog ich mich über die Jahre immer mehr aus dem Leben »draußen« zurück, aber ich spürte, dass dies nicht für die Kinder gelten sollte. Schon immer wollte ich, dass sie glücklich werden, und das bedeutete in erster Linie, dass sie nicht so »seltsam« werden sollten wie ich. Daher war ich bemüht, die Kinder so viel wie möglich mit anderen Kindern spielen und interagieren zu lassen. Im Alltag funktionierte das ohne mein Zutun ganz gut durch den Kindergarten, später nach der Schule durch die Nachmittagsbetreuung und verschiedene Kurse, die besonders Miriam mit Begeisterung besuchte. Bei ihr hatte ich das Gefühl, meinem großen Ziel – bloß nicht so zu werden wie ich – am nächsten gekommen zu sein.

So ist es noch heute: Ich freue mich, wenn die Kinder viel erleben und mir davon berichten können. Angelina liebt zum Beispiel Tiere sehr und zufällig stießen wir vor ein paar Jahren auf das Angebot, dass Kinder im Tierpark eine Nacht im »blauen Salon« verbringen und dabei beispielsweise Seekühe durch eine Unterwasserscheibe beobachten können. Angelina hat wie ich den Hang, sich sehr auf Dinge vorzubereiten, und wahrscheinlich hat noch nie ein Tierpfleger so sehr über das Fachwissen eines Kindes über Seekühe und weitere Tiere staunen dürfen. Für mich war es die größte Freude, als sie am nächsten Morgen freudestrahlend nach Hause kam und von ihrem Erlebnis berichtete.

Auch den anderen Kindern versuchen wir, soweit es mit unseren beschränkten Mitteln möglich ist, Erlebnisse zu ermöglichen. Lilly war neulich zu einem Schüleraustausch in Israel. Schon der Flug zuerst in die Schweiz und dann nach Tel Aviv wurde von meinem Mann und mir genau am Bildschirm mittels Flightradar beobachtet und unsere Aufregung war mindestens so groß wie ihre. Als sie mir ein Video von den Pfauen schickte, die dort herumliefen, war ich entzückt. Es ist genau der Abstand, den ich brauche. Gefiltert durch die Kinder ist es mir möglich, viele Dinge zu erleben, die mich ansonsten überfordern würden. Das gilt nicht nur für außergewöhnliche Ereignisse. Schon am Mittag, wenn die ersten Kinder von der Schule hereintrudeln, bin ich gespannt auf die Erlebnisse, von denen sie mir berichten werden. Wobei Jonas in der Regel wenig erzählt, und auch Angelina ist eher zurückhaltend. Dafür erzählen mir Miriam und Lilly vieles bis ins kleinste Detail. Nicht selten liegen wir am Abend zusammen auf der Couch mit dem Plan, einen Film anzusehen oder *Der Bachelor* oder *Germany's next Topmodel*. Im Grunde interessiert mich das nicht sonderlich und die Sendungen sind meiner Ansicht nach recht oberflächlich, aber ich erfahre dadurch viel von den Mädchen, denn sie kommentieren gerne die verschiedenen Szenen und Protagonisten und wir kommen von einem zum anderen. Beispielsweise weiß ich inzwischen viel über Mode, Schminktricks und überhaupt, was »in« ist. Aber diese Abende führen auch zu ernsthafteren Themen wie den Sinn oder Unsinn von Diäten. Ich weiß vieles über unsere Kinder, von dem mein Mann nichts weiß, und wenn er mitbekommt, dass »wir Frauen« uns wieder unterhalten, zieht er sich zurück. Ich freue mich darüber, dass mir die Kinder so sehr vertrauen. Vielleicht ist es so, weil ich den emotionalen Abstand wahren kann. Meine Kinder erleben die Dinge ganz anders, als ich es in meiner Kindheit getan habe, und so vermeide ich es automatisch, ihnen »wohlgemeinte Ratschläge« zu geben. Ich höre zu, allerdings nicht ohne zu analysieren, das mache ich ganz automatisch bei jeglicher sozialen Interaktion. Aber es geschieht ohne Wertung. Und dann beratschlagen wir die Situation gemeinsam. Es ist meine ganz persönliche Möglichkeit, im Leben meiner Kinder Mäuschen spielen zu dürfen. Manchmal ist auch Angelina dabei, vor allem, wenn es um einen »psychologischen Rat« geht – da ist sie die Expertin in unserer Familie. Angelina war mit zehn und elf Jahren einige Zeit in einer psychosomatischen Klinik gewesen und hat dadurch viel von älteren Mädchen mitbekommen und mit großem Interesse verfolgt. So ist sie in unserer Runde ganz gleichberechtigt, wenn es beispielsweise um Liebeskummer geht, und bringt durchdachte Vorschläge, trotz ihrer noch wenigen Lebenserfahrung. Solche Gespräche sind für mich sehr wertvoll, weil ich damit die seltene Erfahrung mache, Teil einer Gruppe zu sein, in der ich mich voll und ganz wohlfühle. Manchmal denke ich sogar, dass für mich die Kinder daher so wenig anstrengend sind, weil ich so dankbar für sie bin. Sie zeigen mir alles, was ich selbst nicht erfahren kann, und geben meinem Leben einen Sinn.

Wenn ich von unserer Familie schreibe, darf ich – das haben mir die Kinder ausdrücklich aufgetragen – unsere Katzen nicht vergessen. Für viele Menschen mögen sie einfach nur

Haustiere sein, aber für uns sind sie wie Familienmitglieder. Wie oft habe ich gesehen, dass eins meiner Kinder mit einer Katze kuschelt und ihr etwas erzählt. Wahrscheinlich wissen die Tiere eine ganze Menge Geheimnisse, von denen mir verständlicherweise nicht berichtet wird – auch Kinder brauchen ihre Privatsphäre. Aber unsere Katzen sind viel mehr als Kuscheltiere, denn auch sie haben Bedürfnisse, die gestillt werden müssen. Ein Tier zu halten bedeutet Verantwortung, und meinem Mann und mir war es immer wichtig, dass die Kinder lernen, was dies bedeutet.

Ich bin glücklich, dass mein Mann und ich bei Erziehungsfragen stets am selben Strang ziehen. Zudem ist mein Mann derjenige, der der Familie und mir wirklich einen Halt gibt. Unermüdlich ist er für die Kinder da, macht mit ihnen Ausflüge, die ich nicht leisten kann. Unsere Entscheidungen treffen wir gemeinsam, wie damals, als Lilly in einen speziellen Kindergarten für hochbegabte Kinder kam. Dieser war in einer anderen Stadt und es war klar, dass es für uns eine jahrelange Schwierigkeit bedeuten würde, sie dort hinzubringen, da der Fahrtweg so umständlich war. Mit nur einem oder zwei Kindern ist so etwas vielleicht noch leicht machbar, aber mit unserem Hintergrund war es nicht unproblematisch. Es bedeutete nämlich weitere zwei Stunden am Tag, die nur für die Fahrt benötigt wurden – und dies immer mit dem Risiko, für die anderen Kinder deshalb nicht sofort erreichbar zu sein. Im Sinne des Kindes machten wir es trotzdem und hatten von da an wieder ein glückliches Kind – in dem Kindergarten zuvor wurde sie nämlich mit der Zeit immer auffälliger und unglücklicher.

Überhaupt ist das eine der großen Übereinstimmungen zwischen meinem Mann und mir: Wichtig ist uns beiden das Glück der Kinder und wie wir sie unterstützen können. Wenn eines ein Problem hat, wird inzwischen teilweise per »Familienrat« beratschlagt, wie wir es lösen können, sofern es in unserer Hand liegt. Es ist dann weniger ein Problem als ein Projekt, welches es zu bewältigen gilt. Früher machten das mein Mann und ich allein und wir konnten stundenlang über die Kinder sprechen. Waren wir mit einem fertig, kam das nächste Kind mit einer Herausforderung. Auch heute macht dies den Familienalltag spannend, aber inzwischen diskutieren die Kinder mehr mit. Jedes spricht mit seiner eigenen Lebenserfahrung und so manches Mal staune ich, auf welche Ideen die Kinder kommen. Aus meiner Erfahrung heraus und dem Vertrauen, das ich in sie habe, akzeptiere ich auch für mich außergewöhnliche Vorschläge, wie wir ein Problem lösen könnten.

Trotzdem ist es nicht so, dass ich alle Veränderungen, die die Zeit mit sich gebracht hat, positiv sehe – vieles betrachte ich mit gemischten Gefühlen. Natürlich ist es schön, dass Angelina trotz ihres schwierigen Startes bei ihrer Geburt und den vielen Schwierigkeiten in den Jahren danach mit ihren 15 Jahren inzwischen die achte Klasse eines Gymnasiums besucht. Lilly wird dieses Schuljahr sogar – nachdem sie als 17-Jährige den Hochbegabtenzweig ihres Gymnasiums durchlaufen hat – das Abitur machen. Miriam und Jonas haben es schon bestanden und studieren und Miriam macht sogar ein duales Studium. Das sind Dinge, über die ich mich freue. Irgendwie ist es immer vorwärtsgegangen.

Zweifelsohne waren es wertvolle Jahre, doch es waren eben auch anstrengende Jahre. Immer und immer wieder weit über unsere Kräfte zu gehen, forderte irgendwann seinen Tribut. Mein Mann erkrankte schon 2008 an Multipler Sklerose, und nachdem er seiner Arbeit als Altenpfleger dadurch nicht mehr nachgehen konnte, machte er eine Umschulung zum Informatikkaufmann. Jedoch konnte auch diese Änderung weitere Erkrankungen und Schübe nicht aufhalten und so ist er inzwischen berentet. Natürlich liegt die Ursache der Erkrankung nicht bei den Kindern und deren Erziehung, aber sicher haben die vielen Sorgen und Ängste die gesundheitliche Situation nicht verbessert. Auch bei mir ging die Zeit nicht spurlos vorüber. Die Jahre der ständigen Überlastung und vor allem der Maskierung meines Autismus haben mir so viel abverlangt, dass ich mehrere Komorbiditäten wie Ängste und Zwänge entwickelte und eine Zeit lang sogar gar nicht mehr das Haus verlassen habe. Lange habe ich meine Schwierigkeiten nach außen so gut es ging verborgen, nicht zuletzt aus Angst, dass man mir die Kinder wegnehmen würde. Letztendlich endete es auch in der Berentung meinerseits. Damit ich einigermaßen zurechtkomme, ist unser Tagesablauf noch immer eingeschränkt: Mit Veränderungen komme ich nun noch schwerer zurecht, und wenn ich das Haus verlasse, ist mein Mann dabei oder – und das ist wohl die größte Veränderung – entweder Miriam oder Lilly. So, wie ich sie früher ganz selbstverständlich an die Hand nahm und sie zu ihren Terminen, Aktivitäten oder in den Kindergarten begleitete, machen sie es heute mit mir. Niemals fällt dabei ein böses Wort oder ein Zeichen der Verärgerung oder dass es ihnen lästig ist. Es ist für sie einfach normal, mir die Hilfe und Unterstützung zu geben, die ich benötige. Dafür kann ich wieder dankbar sein: Kinder zu haben, die es für selbstverständlich halten, Rücksicht zu nehmen und für andere Menschen da zu sein. Diese Freude und Dankbarkeit darüber versuche ich ihnen zu vermitteln, indem ich für sie da bin, jeden Tag. Es sind viele kleine Gesten und liebevolle Situationen, die unseren Alltag prägen, und zwar nicht nur zwischen uns Eltern und den Kindern, sondern auch zwischen meinem Mann und mir. Mein Mann bringt mir fast jeden Morgen das Frühstück ans Bett: ein Glas Orangensaft, eine Tasse Kaffee, ein Ei und ein Brötchen. Es ist seine Art, mir schon am Morgen zu zeigen, dass er mich liebt.

IMMER NUR EINEN EINZIGEN TAG

Wenn ich an etwas gar nicht gerne zurückdenke, dann ist es meine Kindheit. Wenn meine jetzige Familie nicht »normal« ist, dann ist es meine Herkunftsfamilie schon gar nicht, und das wahrscheinlich nicht erst seit dem Weggang meiner Mutter, als ich zwei Jahre alt war und meine Schwester noch ein Baby. Meine Mutter ging fort und wir sahen sie mehrere Jahre nicht mehr. Mein Vater heiratete zwar schnell wieder, aber ich kann mich nicht erinnern, jemals Liebe oder Anerkennung oder Unterstützung erhalten zu haben. Allerdings hatte ich »Glück im Unglück«, denn es gab Personen, die das zumindest etwas auffingen. So gab es eine Mitarbeiterin im Betrieb meines Vaters, die wohl sehr genau mitbekam, wie zurückgesetzt ich mich fühlte, und die immer ein paar liebe Worte für mich übrighatte. Es gab eine Bekannte der Familie, zu der ich mich oft heimlich schlich, beispielsweise wenn in der Schule eine Stunde ausfiel, und mit der ich mit Begeisterung Schach spielte. Ich liebte es sogar, ihr auf dem

Klavier vorzuspielen, was ich zu Hause nur mit Widerwillen tat – dort war jeden Tag eine Stunde üben Pflicht.

Es gab noch etwas: Eines Tages – ich war wohl um die sechs Jahre alt und konnte gerade lesen – kam ich zu einer Kinderbibel. Meine Familie ist nicht gläubig und so war Gott nie ein Thema. Völlig unbeeinflusst las ich also in dieser Bibel. Las von der Mutter Gottes, von Gott, dem Vater, und kam erstens zu dem Schluss, dass dann Jesus wohl mein Bruder sei, und zweitens, wenn dies alles der Fall sei, dann wäre das wohl meine richtige Familie, und so erklärte sich mir für ein paar Jahre alles. Ich bekam sogar einen Anhaltspunkt, wo meine Familie zu finden sei, nämlich in einer Kirche, und das stimmte mich froh. Dort würde ich Menschen finden, die so waren wie ich. Denn dass ich anders bin, habe ich schon im Kindergarten gespürt, als ich die meiste Zeit allein im Sandkasten saß, obwohl ich gerne mit den anderen Kindern gespielt hätte. Aber ich wusste nicht, wie das geht. Keines der anderen Kinder kam je auf mich zu, um mit mir zu spielen. Stattdessen machte es ihnen Spaß, mich zu ärgern. Einmal nahmen sie mir mein Kuscheltier weg, das ich mit in den Kindergarten genommen hatte. Sie versteckten es und trotz eifriger Suche auch der Kindergärtnerinnen wurde es nicht mehr gefunden. Situationen wie diese gab es viele; ich war oft traurig.

Als ich in die Schule kam, wurde ich nur deshalb getauft, weil ich sonst die einzige Schülerin ohne Religionszugehörigkeit gewesen wäre. Am Religionsunterricht nahm ich immer begeistert teil und fand es die ersten Male sehr aufregend, als ich später, als es auf die Erstkommunion zuging, sonntags die Kirche besuchte. Für mich war dies lange Zeit wie ein Nach-Hause-Kommen. Doch irgendwann wurde es mir schlagartig bewusst: In die Kirche gingen dieselben Menschen, die ich alltäglich sah. Fälschlicherweise ging ich zuvor davon aus, dass alle Menschen, die in die Kirche gehen, besonders nächstenliebend, ehrlich und gläubig seien. Ich weiß noch, wie ich auf einer Kirchenbank saß, inmitten der Menschenmenge, und mir bewusst wurde, wie allein ich war. Richtige Freunde hatte ich keine. In die Schule ging ich zwar gern, denn alles war besser als mein Zuhause, und zudem liebte ich die strengen Regeln der Schule, die mir eine gewisse Klarheit vorgaben. Aber mir wurde auch dort schnell deutlich, dass ich irgendwie nicht dazugehörte. Dass ich keinen Kontakt zu den Jungs hatte, war in der Grundschule normal, das hatten die anderen Mädchen auch kaum. Aber sie hatten untereinander einen Zusammenhalt, den ich nie verstand. Ich bemerkte, wie sie über mich tuschelten, und oft stand ich allein auf dem Schulhof. Als es darum ging, auf die weiterführende Schule zu gehen, wollte ich auf das Gymnasium, aber die Klassenlehrerin hatte Bedenken. Klar, ich war auffällig. Ich war nicht in die Klassengemeinschaft integriert und machte mir zu viele Gedanken. Ich hinterfragte jeden Regelbruch und oft verstand ich nicht, was die Lehrer mir sagen wollten, da sie Redewendungen benutzten, mit denen ich nichts anfangen konnte – sie erschlossen sich mir erst später nach und nach und ich lernte ihre Bedeutung so ähnlich, wie man Vokabeln auswendig lernt. Damals war ich das einzige Scheidungskind in der Klasse; in dem Ort, in dem ich aufwuchs, war eine Scheidung eher selten. So wurden all meine Auffälligkeiten darauf geschoben. Trotzdem wurde ich zum Probeunterricht auf dem Gymnasium angemeldet, aber auch dort hieß es, meine Denkweise sei sehr kompliziert, ich solle doch noch ein Jahr auf die Hauptschule gehen, um »nachzureifen«, und dann das Gymnasium besuchen. Obwohl ich mich mit diesem Vorschlag hätte arrangieren können, kam es anders und mein Vater meldete mich an der Realschule an. Es fühlte sich für mich fürchterlich falsch an, aber was blieb mir anderes übrig, als hinzugehen?

Auf der Realschule ging es mit den Hänseleien weiter und mir wurde noch deutlicher, wie fremd ich anderen Kindern vorkam und sie mir. Doch sie waren in der Überzahl, also musste ich es sein, die irgendwie falsch war. In jeder Pause standen vorzugsweise die Jungs zusammen, und wenn ich vorbeikam, schrien sie mir Gemeinheiten hinterher. Jeden einzelnen Tag, jahrelang. Einmal probierte ich etwas aus. Ich dachte, sie seien die Hänseleien leid, wenn ich mehrmals an ihnen vorbeilaufen und sie ignorieren würde. Es änderte nichts. Alle meine Klassenkameraden wussten davon, aber niemand schritt ein. Auch nicht ein einziger der Lehrer, die das doch über die Jahre hätten mitbekommen müssen. Zu Hause erzählte ich nichts davon, weil ich annahm, dass ich damit meiner Stiefmutter nur noch mehr »Futter« zum Quälen geben würde. Inzwischen weiß ich von so vielen Autisten, dass sie in der Schule gemobbt wurden, so wie Jonas beispielsweise auch. Bei ihm war es die Schnur um den Hals, der Stift im Po und das Versenken des Turnbeutels in der Toilette. Ich wünschte, wir wären eine Ausnahme, aber ich habe von anderen Autisten gehört, wie ihnen die Haare angezündet wurden, sie in einen Schacht geworfen und mit Essensresten beworfen wurden und so weiter … Die Kreativität der Mobber ist unendlich. Leider scheinen noch viel zu viele Lehrer wegzusehen oder in der Annahme zu sein, nichts tun zu können – schließlich haben die Mobber ja mit ihrem Elternhaus auch noch ein anderes Entwicklungsfeld als nur die Schule. Trotzdem bin ich entschieden der Meinung, dass die Schüler vor Mobbing geschützt werden müssen. Es besteht die Schulpflicht und den Kindern bleibt keine andere Wahl, als sich ständig der Schule auszusetzen. Dort sollten sie sicher sein. Mobbing von klein auf prägt einen für das ganze Leben – negativ. Die Mobber auch und sie werden ihr Verhalten an ihre Kinder möglicherweise weitergeben – ein Teufelskreis. Schulisch gesehen hatte ich inhaltlich keine großen Schwierigkeiten. Es gab ein paar Fächer, die mich sehr interessierten, beispielsweise Deutsch, Sozialkunde und Geschichte. Andere Fächer fand ich weniger spannend, wie Mathematik, vor allem nachdem mir der Mathelehrer tadelnd gesagt hatte: »Birke, Birke. Du immer mit deinen exotischen Ideen.«

In den Sommerferien freute ich mich immer auf den Schuljahresbeginn, wenn die neuen Bücher ausgegeben wurden, denn dann wusste ich, womit ich mich am Nachmittag beschäftigen konnte: mit dem Durchlesen der neuen Deutsch- und Geschichtsbücher. Zu Hause gab es zwar ein paar Bücher, aber zu wenige, und es war einfach langweilig, sie immer und immer wieder zu lesen. Später entdeckte ich, dass man sich in der Bibliothek Bücher ausleihen konnte, und das tat ich – wenn ich denn mal das Haus verlassen durfte, was nicht oft vorkam. Mein Vater fühlte sich für meine Schwester und mich mittlerweile überhaupt nicht mehr zuständig und so musste ich meine Stiefmutter um Erlaubnis bitten. Selten wagte ich überhaupt zu fragen und meistens war es ohnehin zwecklos, denn sie erlaubte es uns fast nie. Gründe nannte sie keine; wahrscheinlich wollte sie uns einfach zeigen, welche Macht sie über uns hatte. Sie genoss es, meine Schwester und mich zu quälen. Doch einmal war ich zu meiner Überraschung erfolgreich: Ich durfte am Nachmittag rausgehen und so fuhr ich zuerst in die Bibliothek und anschließend mit meinem Fahrrad ziellos durch die Straßen. Da fiel mir Rex, der Schäferhund, ein, den meine Schwester und ich immer auf dem Schulweg durch ein Gitter hindurch streichelten. Rex' Herrchen war der Vater von Magdalena, einer Mitschülerin – eine der wenigen, die nett zu mir war –, und hatte ein kleines Restaurant, das direkt neben dem Zwinger von Rex lag. Kurzentschlossen wollte ich nachfragen, ob Magdalena da sei und ob ich Rex streicheln könne. Das Bistro war zwar noch geschlossen, doch der Vater ließ mich ein und schloss hinter mir die Tür ab. Magdalena sei nicht da, aber ich könne mich hinsetzen, denn er hätte Vanilleeis für mich, und anschließend könne ich noch Rex streicheln. Ich spürte, etwas stimmte nicht, aber ich wagte nicht zu widersprechen. In meiner Welt widersprach man Erwachsenen nicht ohne Strafe. Der Vater brachte mir das Eis und ich nahm zögernd ein paar Löffel. Ich weiß noch, was ich damals anhatte – einen gelben, luftigen Rock. Ich weiß auch noch, wie alt ich war, denn ich trug bereits die Armbanduhr, die ich zur Kommunion geschenkt bekommen hatte, aber ich ging noch den Schulweg zur Grundschule. Also war ich neun Jahre alt. Jedenfalls begann der Vater irgendwann, meinen gelben Rock zu heben. Ich tat nichts. Ich ignorierte es und er ließ den Rock wieder fallen. Dann fragte er mich, ob ich Rex streicheln möchte. Ich wusste, wenn ich mit ihm zum Zwinger gehen würde, würde ich mich immer weiter von der Ausgangstür entfernen. Aber ich nickte. Ich wollte ihn bloß nicht böse werden lassen, denn was geschieht, wenn Erwachsene böse werden, hatte ich mehrfach erfahren und schon oft blaue Flecken davongetragen. (Natürlich niemals im Gesicht, denn dann hätten Menschen vielleicht doch mal nachgefragt.) Also ging ich mit Magdalenas Vater mit und tatsächlich durfte ich Rex streicheln. Aber mir war nicht wohl dabei. Plötzlich drehte mich der Vater zu sich und umarmte mich. »Möchtest du Magdalenas Zimmer sehen?«, fragte er mich und blickte die Treppe hoch. Mir wurde noch schummriger, denn wir bewegten uns immer weiter ins Haus. »Aber Magdalena ist doch gar nicht da?«, wagte ich zaghaft einzuwenden.

»Bestimmt kommt sie gleich. Komm mit!«, forderte mich der Vater auf und ich kam mit. Er zeigte mir Magdalenas Zimmer und fast wären mir die Tränen gekommen. Ganz konnte ich es nicht einordnen, aber von diesem Augenblick an konnte ich Magdalena nie mehr ansehen und ich begriff so viel und doch gar nichts. »Komm!«, riss mich der Vater aus meinen Gedanken und führte mich zu einem anderen Zimmer, in dem ein ungemachtes Bett stand und ein Waschbecken hing, in das jemand Zigarettenasche hatte fallen lassen. Dann setzte er sich auf das Bett, zog mich mit sich und hob wieder den Rock. Da fiel mein Blick auf meine neue Uhr. Es war kurz nach 16 Uhr und ich weiß bis heute nicht, wie ich darauf gekommen bin, aber ich rief: »Schon so spät! Um 16 Uhr muss ich daheim sein, sonst bekomme ich Ärger. Mein Vater weiß, wo ich bin, und er holt mich sicher gleich, wenn ich nicht sofort komme.« Unschlüssig sah mich Magdalenas Vater an, dann stand er auf und ging wieder mit mir die Treppe nach unten, zum Ausgang. Er umarmte mich noch mal und nahm mir das Versprechen ab, wiederzukommen. Ich nickte und rannte, kaum aus der Haustür hinaus, zu meinem Fahrrad und radelte nach Hause. Dort versteckte ich mich in unserem alten Kohlekeller und krabbelte erst nach langer Zeit schmutzig heraus. Dann versuchte ich zu vergessen. Mir war klar, dass ich von zu Hause keine Hilfe bekommen würde. Von da an ging ich nie mehr am Zwinger von Rex vorbei.

Es gab in den darauffolgenden Jahren noch ein paar weitere Vorfälle dieser Art. Als ich ungefähr 16 Jahre alt war, wurde ich von einem Jungen bedrängt. Als ich laut aussprach, was ich dachte, sagte dieser nur: »Kein Wunder, wenn man sich so anzieht.« Ich blickte an mir herunter, am Rollkragenpullover und meiner Jeans, aber ich verstand nicht. Und so gab ich immer wieder mir die Schuld, wenn ein Junge oder ein Mann mir gegenüber übergriffig wurde. Es musste meine Schuld sein.

So war es auch mit meinem ersten Mann, den ich mit 18 Jahren heiratete. Ich schaffte es erst, mich von ihm zu trennen, als ich schwanger wurde und nach der Entbindung letztendlich in einem Mutter-Kind-Heim unterkam. Das war einerseits sehr gut, denn ich hatte wirklich wenig Ahnung von den Bedürfnissen eines Kindes. Andererseits fühlte ich mich unter den anderen Müttern überhaupt nicht wohl. Vor meinem Einzug dort sah ich in meiner Fantasie alle Mütter harmonisch um einen Tisch herumsitzen, aber die Realität war eine andere. Die meisten der Frauen dort hatten weder einen Schulabschluss noch eine Berufsausbildung. Ich war also mit meinem Realschulabschluss und meiner Ausbildung zur Bürokauffrau eher eine Exotin. Zwar hatte ich beides nicht freiwillig gemacht – mein Wunsch wäre es gewesen, auf das Gymnasium zu gehen und Abitur zu machen –, aber mir blieb nichts anderes übrig, denn sonst hätte ich meiner Familie »noch ein paar Jahre auf der Tasche gelegen«. Das war letztlich auch der Auslöser für meine frühe Heirat mit einem Mann gewesen, der mir alles andere als guttat. Nach meiner Berufsausbildung hatte ich in der Buchhaltung einer Bank gearbeitet, bis ich schließlich krank und anschließend schwanger wurde. »Krank« wurde ich in dem Sinne, dass ich schwere Depressionen bekam und Zwänge entwickelte. Immer und immer wieder rechnete ich etwa Beträge nach und selbst nach der Arbeit konnte ich nicht aufhören, an meine Arbeit zu denken. Dazu kamen ständig Konflikte mit den Kollegen, die ich mir weder erklären noch auflösen konnte. Da waren die Krankschreibung und die anschließende Schwangerschaft fast eine Erlösung für mich.

Jedenfalls unterschied ich mich von den anderen Müttern im Mutter-Kind-Heim deutlich und sie verstand ich noch viel weniger als meine damaligen Mitschüler in der Realschule und die Kollegen in der Bank. An meinem ersten Abend im

Mutter-Kind-Heim stand ich unter der Dusche, immer noch fassungslos, wie weit es mit mir gekommen war, als eine Mitbewohnerin auf einmal nackt zu mir in die Dusche stieg und mir – ich konnte mich vor Schreck gar nicht bewegen – einfach die Zunge in den Mund schob. Irgendwie gelang es mir dann doch, aus der Dusche zu steigen und deutlich zu machen, dass ich so etwas nicht will. Ein paar Tage später bekam ich mit, wie eine Gruppe von Müttern einer anderen Mutter heimlich die Waschmaschine von Buntwäsche auf Kochwäsche gestellt hatte und die Wäsche somit ruiniert war. Einer anderen Mutter wurden die Haare abgeschnitten. Da wurde mir klar, dass ich mich unauffällig verhalten musste.

Glücklicherweise gab es eine Sozialpädagogin, die mich anscheinend sehr mochte und die mir sehr wertschätzend gegenübertrat. Trotzdem konnte auch sie nicht verhindern, dass es mir von Tag zu Tag schlechter ging. Meine Herkunftsfamilie zeigte kein Interesse an meiner Situation, mein Mann und ich hatten uns scheiden lassen und ich fühlte mich völlig allein und wertlos. So wertlos, dass ich glaubte, mein Kind wäre besser ohne mich dran. Die Folge war, dass ich mir Schlaftabletten besorgte. Drei Packungen, aus verschiedenen Apotheken. Am Abend wickelte ich noch mal mein Kind, gab ihm die Flasche, schrieb einen Abschiedsbrief, mörserte die Tabletten, füllte sie mit Wasser auf und trank. Ich würgte, aber der Großteil blieb drin und so ging ich ins Bett. Erleichtert, dass jetzt bald alles vorbei sei. Aber das war es natürlich nicht. Als ich erwachte, waren meine Beine taub, und als ich Hilfe holen wollte, fiel ich die Treppe herunter und kam ins Krankenhaus. Der Plan war, es noch mal zu versuchen, sobald ich rauskommen würde. Doch dann kam eine Sozial-pädagogin zu mir und sagte etwas, an das ich mich später noch viele Male klammerte: »Leben Sie jeweils nur einen Tag weiter. Immer nur einen einzigen Tag. Und wenn dann wirklich gar nichts mehr geht, können Sie sich immer noch umbringen.«

Ich befolgte ihren Rat. Manchmal ging es mir sogar so schlecht, dass ich nur von Atemzug zu Atemzug lebte. Aber ich habe es geschafft, ich bin immer noch da. Nach meinem Suizidversuch verbrachte ich einige Monate im Krankenhaus. Mein Kind war in dieser Zeit bei einer Pflegemutter. Anschließend ging es mir langsam immer besser und besser, obwohl ich zusammen mit meinem Kind ins Mutter-Kind-Heim zurückkehrte.

Eines Tages kam eine Frau ins Heim und fragte, ob unter den Müttern jemand wäre, der kaufmännische Arbeiten erledigen könne – sie hätte da einen Job in einer Werbeagentur. Da ich die Einzige war, hatte ich das Glück, diesen Job zu bekommen. Ab da ging es erstmals aufwärts: Als mein Kind ungefähr ein Jahr alt war, zog ich also aus dem Mutter-Kind-Heim aus in eine eigene Wohnung und arbeitete zunächst in Vollzeit, und das Kind wurde von mir jeden Morgen in die Kinderkrippe des Mutter-Kind-Heimes gebracht. Auch da hatte ich das beklemmende Gefühl, dass etwas mit mir nicht stimmte. Die anderen Mütter schienen sich nur schwer von ihren Kindern trennen zu können, doch ich war richtig froh, wieder einer geregelten Arbeit nachgehen zu können und damit einen strukturierten Tagesablauf zu haben.

MEINE FAMILIE WIRD KOMPLETT

Dennoch blieb ein für mich großes Problem: Ich hatte in der Fremde weder Familie noch Freunde. Ich war einsam. So kam ich auf die Idee, Kontaktanzeigen zu schalten. Das erschien mir eine gute Möglichkeit, Freunde zu finden. Allerdings waren mehrmals sehr skurrile Menschen dabei – und die Treffen mit ihnen waren mindestens genauso seltsam. So seltsam, dass ich nach einiger Zeit fast aufgegeben hätte. Beispielsweise war ein Mann dabei, der mehr Interesse an meinem Kind zu haben schien als an mir. Er lachte und schäkerte mit ihm und ignorierte mich völlig. Ein anderer Mann war wesentlich älter, als er angegeben hatte, und ein weiterer kam so verdreckt und verloddert zu unserer Verabredung, dass ich mir nicht vorstellen konnte, ihn jemals anzufassen. Schließlich traf ich doch auf eine Clique, die mich halbwegs aufnahm. So kam es, dass ich zu einer Geburtstagsparty eingeladen wurde. Das war mir in meinem bisherigen Leben sehr selten passiert. Das fand ich auch nie schlimm, denn ich fühlte mich bei solchen Veranstaltungen eigentlich gar nicht wohl. Aber damals konnte ich das noch nicht richtig benennen. Doch hatte ich einen guten Grund, schon frühzeitig von der Party nach Hause zu gehen – mein Kind brauchte mich. Einen Babysitter hatte ich so gut wie nie, den hätte ich mir schlichtweg nicht leisten können. Also passte manchmal eine Mutter, die ich aus dem Mutter-Kind-Heim kannte, auf mein Kind auf – doch ich wollte ihre Zeit natürlich nicht überstrapazieren. Als ich diesen Grund beim Verabschieden auf der Party aussprach, bemerkte ich, dass dies ein anerkannter Grund war. Ich hatte erstmals niemanden vor den Kopf gestoßen, indem ich einfach verschwand.

Ein paar Tage nach der Geburtstagsparty saß ich auf dem Weg zur Arbeit in der U-Bahn. Plötzlich sah ich einen Mann, den ich von der Party kannte. Ich freute mich, in der großen Stadt immerhin einen Menschen wiederzuerkennen. Ich wedelte wie verrückt mit den Armen und rief seinen Namen – aber es kam keine Reaktion und so ließ ich die Arme langsam wieder sinken. Möglicherweise hatte ich mich verguckt. Dies passiert mir, wie manch anderen Autisten, die wie ich unter Prosopagnosie leiden, oft. Prosopagnosie bedeutet Gesichtsblindheit und ich habe sogar schon fremde Mädchen angesprochen in der Annahme, es sei Lilly. Wenn sie wie sie lange, dunkelblonde Haare und eine Brille haben, sind sie für mich kaum zu unterscheiden. In Filmen verwechsele ich ständig die Schauspieler und manchmal wird die Handlung dann nur noch schwer nachvollziehbar. Dann ist es vorzugsweise Lilly, die mit mir meine geliebten Serien ansieht und mir erklärt, wer wer ist. Jedenfalls erzählte ich ein paar Tage später meinen neuen Freunden von der Situation und sie sprachen den vermeintlichen Geburtstagsgast darauf an. Dieser rief mich anschließend sofort an und wollte mich zur Entschuldigung zum Essen ausführen. Natürlich ging das nicht so spontan – ich konnte mein Kind nicht allein lassen, es war ja gerade knapp zwei Jahre alt. So kam er zu mir. Ich war überrascht, überhaupt mit Kind für einen Mann interessant zu sein, und ließ den Dingen ihren Lauf.

Die Arbeit in der Werbeagentur machte mir Spaß, doch mit der Zeit häuften sich die gleichen Probleme, wie ich sie von meinem vorherigen Job in der Bank kannte. Immer wieder gab es Ärger mit den Kollegen. Immer wieder fiel ich mit meinem Verhalten und/oder meiner Kommunikation auf und wie immer wusste ich nicht, was man mir eigentlich konkret vorwarf. Es machte mich nur zutiefst traurig. Erneut ein Platz, an den ich nicht hingehörte. Als ich schließlich erfuhr, wieder schwanger zu sein, war ich darüber gar nicht traurig, obwohl es nicht geplant war. Der Frauenarzt schrieb mich relativ schnell krank, da die erste Schwangerschaft und Geburt so risikoreich waren. Vielleicht spürte er auch, dass es mir psychisch nicht gut ging, denn er verwies mich an einen Psychiater, der mir Johanniskraut verschrieb – was letztendlich aber nicht viel half, denn in dieser Schwangerschaft weinte ich viel, obwohl ich heiratete und mit meinem Mann zusammenzog. Doch ich fühlte mich in der Beziehung mit ihm nicht wohl und bei seinen Eltern hatte ich das Gefühl, es nie richtig machen zu können, ständig kritisierten sie mich. Entweder lobte ich ihr Essen nicht genug – welches wirklich sehr gut schmeckte, aber mir gelang es nicht, genauso überschwänglich begeistert zu klingen – oder sie waren der Ansicht, dass ich nicht gut genug für ihren Sohn sei, denn schließlich hatte ich ja schon ein Kind. Durch die Krankschreibung hatte ich genug Zeit, mich in weitere Schwangerschafts- und Erziehungsratgeber zu vertiefen, und diesmal fühlte ich mich bei der Geburt und Erziehung meines zweiten Kindes schon viel sicherer, obwohl Jonas mir mit seinem Verhalten Rätsel aufgab. Wenn ich staubsaugte, irritierte ihn der Lärm keineswegs, aber ein Bonbonrascheln konnte ihn aus der Fassung bringen, sodass er sich kaum beruhigen ließ. Als mein erstes Kind in den Kindergarten kam, fiel mir mit der Zeit das Verhalten der anderen Mütter auf: Sie standen regelmäßig am Eingang des Kindergartens und redeten und lachten und verabredeten sich letztendlich miteinander. Mein Bedürfnis, mich dazuzustellen, war gering, aber ich tat es dann doch, weil ich nicht auffallen wollte – und wurde prompt in eine Krabbelgruppe eingeladen, die ich mit Jonas, dem Baby, besuchen sollte. Das schien man als Mutter also mit einem Baby zu machen und mein Pflichtgefühl brachte mich dazu, nun mit Jonas einmal in der Woche diese Krabbelgruppe zu besuchen. Die Mütter waren freundlich, wenn doch meist ein ganzes Stück älter als ich, denn Jonas hatte ich ja mit gerade 23 Jahren bekommen. Von daher redete ich mir ein, dass dies der Grund sei, weshalb ich mich dort nicht richtig wohlfühlte. Aber es ging ja nicht um mich, sondern um Jonas, der nun in Kontakt mit anderen Babys und dementsprechend später dann Kleinkindern hatte. Da Kinder in diesem Alter noch nicht richtig miteinander spielen, fiel dort noch nicht auf, dass Jonas anders ist. Sechs Monate nach der Geburt von Jonas wurde ich wieder schwanger, und als Miriam zur Welt kam, wurde immer deutlicher, dass mein Mann und ich nicht zusammenpassten. Es gab viele unschöne Szenen. Irgendwann trennten wir uns.

Plötzlich war ich mit drei Kindern allein. Doch es ging mir gut. Mit Miriam machte ich es wie bei Jonas: Ich besuchte eine Krabbelgruppe. Da fühlte ich mich schon als erfahrene Mutter und konnte zumindest bei den Babythemen mitreden. Inzwischen gesellten sich zu meinen Schwangerschafts- und Erziehungsratgebern auch alle möglichen Bücher zum Thema Kinderkrankheiten und so war ich in meinem Element, wenn nur eines dieser Themen angesprochen wurde. Mühelos konnte ich dann meine Monologe halten. Wenn es allerdings um die Beziehungen der Mütter zu ihren Männern ging, wurde ich still. Ich hatte jahrelang, bis auf die Kinderärzte und meinen jeweiligen Mann, nur Kontakte mit Frauen und ich nahm lange an, dass ich wohl auch ein besonderes Problem mit Männern hätte. Diese hatten wieder eine andere Art zu sprechen und dazu eine andere Körpersprache als Frauen. Erst viel später begriff ich, dass ich mit Kommunikation ganz allgemein Probleme habe und mit Frauen einfach nur mehr Übung hatte. Mit denen konnte ich über Themen sprechen, bei denen ich mich sicher fühlte, weil ich sie immer dort traf, wo man über Kinder sprechen konnte, wie eben die Krabbelgruppe oder der Kindergarten. Bei Männern fielen diese Gesprächsthemen weg. In der Krabbelgruppe, die ich mit Miriam besuchte und in die ich Jonas auch mitnahm, weil er ja nur ein Jahr älter als sie ist und noch nicht im Kindergarten war, wurde ich zum ersten Mal von den Müttern, die auch ältere Kinder hatten, darauf angesprochen, dass Jonas irgendwie anders ist. Ich wollte es nicht hören. Ich wollte nicht, dass mein Kind »anders« ist, denn innerlich wusste ich ganz genau, was das bedeuten kann. Ich wollte nicht, dass er sich überall so fremd fühlt, wie ich es bis jetzt an jedem Ort getan hatte. Ich wollte nicht, dass er sich nie »zu Hause« fühlt. Letztendlich wollte ich, dass ihm mein Schicksal erspart bleibt, und so verneinte ich vehement. So energisch, dass sich niemand mehr traute, mich darauf anzusprechen. Miriam hingegen war mein »Vorzeigekind«. Ein kleiner Sonnenschein, der früh sprach und sehr verständig war. Trotzdem war sie die Ursache, weshalb die Auffälligkeiten von Jonas noch deutlicher für mich zu Tage traten.

Zu dieser Zeit hatte ich einen Nebenjob in einem Callcenter angenommen. Dort lernte ich dann auch meinen jetzigen Mann Rolf kennen. Es dauerte zwar ein paar Monate, bis wir zusammenkamen, doch schon vorher wurde ich häufig von Kollegen angesprochen: »Das ist doch dein Bruder, oder?« Und: »Stimmt's, das ist dein Mann?« Irgendwie war das Band, welches uns später verband und bis jetzt verbindet, für andere schon sichtbar, bevor wir es überhaupt bemerkten. Anfangs war es seltsam, wenn Rolf auf die Kinder traf, und ich übernahm allein die Erziehung. Aber die Anfangsschwierigkeiten legten sich schnell, und obwohl Rolf zu diesem Zeitpunkt erst 22 Jahre alt war (ich fühlte mich mit meinen damals 26 Jahren schon viel älter und erfahrener), kam er mit seiner Art gleich gut mit den Kindern zurecht.

Doch es nahte erneute Unruhe, denn wir mussten aus dem Haus, das ich mit meinem Ex-Mann bewohnt hatte, ausziehen. So zogen wir in eine Wohnung in einem nahegelegenen Dorf. Ich kann gar nicht beschreiben, wie unwohl ich mich dort fühlte. In einer Stadt ist man einigermaßen anonym, aber in einem Dorf kennt jeder jeden und es tratscht vor allem jeder über jeden. Ich versuchte mich in die Gemeinschaft einzufügen, indem ich mit den Kindern eine Kindergruppe besuchte. Aber das Gefühl, fremd und vor allem anders zu sein, blieb. Irgendwie hatte ich immer die Angst, dass jemand aufstehen, mit dem Finger auf mich zeigen und sagen würde: »Du bist eine Hochstaplerin, du gehörst nicht zu uns!« Aber ich hatte keine Worte dafür. Einzig bei Rolf hatte ich nie dieses Gefühl. Er arbeitete weiter in dem nun einige Kilometer entfernten Callcenter, doch ich konnte es nicht mehr tun, denn ich war schwanger und durfte nach 20 Uhr nicht mehr arbeiten. Die Schwangerschaft war zunächst ein großes Thema zwischen Rolf und mir und es fühlte sich für mich »wahnsinnig« an, dieses Kind auszutragen. Doch Rolf kämpfte für sein Kind, wollte das Wort Abtreibung nicht mal hören. »Birke, wenn du das Kind nicht willst, okay. Wenn du es geboren hast, kannst du gehen, aber ich möchte es unbedingt.« Dann versprach er noch, sich in der Nacht um das Baby zu kümmern, und ich glaubte ihm. Wir entschieden uns gemeinsam für das Baby, doch es wurde eine schwere Schwangerschaft: Ich musste letztendlich einige Monate um das Baby kämpfen, denn es war nicht klar, ob es überlebt. In der 26. Schwangerschaftswoche hatte ich das Gefühl, auf die Toilette zu müssen. Als ich aufstand, lief es mir warm die Beine hinunter, und ich dachte zuerst, dass ich kein Wasser mehr halten könne. Aber als ich an mir herunterblickte, sah ich, dass ich blutete – in kürzester Zeit bildete sich eine kleine Blutlache um meine Füße und ich brach zusammen. Die nächste größere Stadt mit Kinderklinik war von unserem Dorf mehr als 30 Kilometer entfernt. Glücklicherweise war Rolf an diesem Tag da, aber er konnte mich in diesem Zustand nicht transportieren. Also rief er den Rettungsdienst an und schilderte die Situation. Da fiel mir auch wieder ein, was der Arzt mir bei der letzten Untersuchung gesagt hatte: Bei mir lag eine Plazenta praevia vor. Das bedeutet, dass die Plazenta auf dem Muttermund liegt und wenn dieser sich öffnet, könnte sich die Plazenta lösen und es treten lebensgefährliche Blutungen auf. Später erzählte Rolf mir, dass man in der Rettungsstelle panisch wurde und erst plante, mich mit einem Hubschrauber in die Klinik zu bringen, dies aber wieder verwarf, weil es günstiger erschien, mich mit dem Rettungswagen zu transportieren. Ich hatte schreckliche Angst, dass in jedem Moment mein Kind geboren werden würde, und konnte kaum ruhig atmen. In der Klinik stand sofort ein großes Team bereit und ich bekam eine Infusion mit einem Wehenhemmer, den ich auch bis zur Geburt nicht mehr loswerden sollte. Noch heute zeugen die Narben an meinen Armen von dieser Zeit. Dann schickte man mir einen Kinderarzt, der mir von den Überlebenschancen eines so kleinen Frühchens berichtete und mir Bilder zeigte, um mich vorzubereiten.

Die ersten zwei Tage blieb ich im Kreißsaal, bis sicher war, dass erstmal keine weiteren Blutungen mehr auftreten würden. Dann kam ich auf Station und man teilte mir mit, dass ich bis zur Geburt nicht mehr nach Hause dürfe – die Gefahr sei zu groß. Der Schock war riesig. Wer sollte auf meine drei Kinder aufpassen? Vor allem – wie sollte ich es im Krankenhaus aushalten? Ich durfte nicht mehr aufstehen – nicht einmal zum Bettenmachen oder um auf die Toilette zu gehen; sogar waschen musste ich mich im Bett. Selbst das war noch nicht das Schlimmste. Von Ende Juni bis Ende August lag ich im schwülen Vierbettzimmer und die Betten waren nur durch die Nachtkästchen getrennt. Die Bettnachbarinnen bekamen regelmäßig Besuch, was mich sehr anstrengte – fliehen konnte ich nicht. Ich war dort gefangen – das Leben des Kindes und meines standen auf dem Spiel. Dazu kam das ständige Piepen der Infusionen, entweder von meiner oder von der der Mitpatienten. Zusätzlich bekam ich einige Situationen mit, die mich sehr belasteten. Einmal hatte ich eine Bettnachbarin, die kurz vor der Entbindung stand und Diabetes hatte. Sie hatte schon zwei Söhne und die dritte Entbindung sollte keine Schwierigkeit darstellen. Als sie ohne Kind vom Kreißsaal wieder nach oben kam, schimpfte sie noch: »Die haben mich da unten geschlachtet!«, war aber noch guter Dinge. Sie glaubte, dass ihr Kind nur zur Beobachtung in der Kinderklinik nebenan liegen würde. Ein paar Tage später hallten ihre Schreie durch die Flure – das Kind war gestorben.

Es gab noch eine weitere große belastende Situation für mich, an der ich aber auch nichts ändern konnte: meine Kinder zu Hause – wie würden sie versorgt werden? Rolf musste unter der Woche arbeiten, und da unsere Wohnung von der Arbeitsstelle ungünstig zu erreichen war, war er täglich 12 Stunden unterwegs. Die Krankenkasse zahlte aber nur für 8 Stunden am Tag eine Haushaltshilfe. Mir blieb nichts anderes übrig, als mich an das Jugendamt zu wenden, und dieses vermittelte uns eine Tagesmutter. Also kam am Morgen die Haushaltshilfe in unsere Wohnung und brachte am Nachmittag die Kinder zur Tagesmutter, von der Rolf sie dann abends abholte und versorgte. Da war er wieder, der rigoros durchgetaktete Zeitplan. Natürlich schaffte Rolf es dadurch nicht, mich unter der Woche noch zu besuchen, und so versuchte ich tapfer durchzuhalten.

Von Rolf hörte ich in dieser Zeit nicht ein böses Wort. Ganz im Gegenteil: Er rief mich regelmäßig an und beruhigte mich – zu Hause würde alles gut laufen. Am Wochenende kam er mit den Kindern zu mir und schon nach wenigen Wochen fiel mir auf, dass Jonas und Miriam keine Windeln mehr trugen. Jonas war knapp vier Jahre alt, aber man konnte mit ihm kein interaktives Gespräch führen und er hatte vor meinem Krankenhausaufenthalt keine Anstalten gemacht, trocken zu werden. Miriam war gerade zwei Jahre alt und ich hatte mit dem Toilettentraining noch nicht begonnen. Dafür dann aber Rolf. Er fand das Wickeln viel zu kompliziert und setzte die beiden vor jeder Fahrt zu mir ins Krankenhaus aufs Töpfchen, in der Klinik gleich wieder und vor der Heimfahrt noch einmal. Und es funktionierte! Es war kein Monat vergangen, da waren beide Kinder trocken. Auch sonst kümmerte er sich rührend um alle. Dazu brachte er mir Bücher über Frühchen, um mich zum Durchhalten zu bringen. Er war mein Fels in der Brandung und aufgrund meiner Vergangenheit wusste ich durchaus, dass das nicht selbstverständlich war. Ich war ihm zutiefst dankbar. Ich hätte es nicht geschafft, mich im Krankenhaus auch noch um meine anderen Kinder zu sorgen. Dafür war der Aufenthalt zu kräftezehrend für mich. Aber Rolf war einfach da, ohne seine Rolle in irgendeiner Form in Frage zu stellen. Oft war ich trotzdem verzweifelt – aber was hätte ich tun sollen? Mir blieb nichts anderes übrig, als durchzuhalten. Ich bin mir ziemlich sicher, dass die Ärzte und Schwestern von meiner Not nichts mitbekamen. Damals konnte ich meine Gefühle – wie auch heute noch oft – nicht benennen und schon gar nicht adäquat ausdrücken. Aber selbst wenn – was hätten sie tun sollen?

Eines Tages traten erneut Blutungen auf. Es war noch nicht kritisch, aber man wollte nun nicht mehr viel länger warten und so legte man den Termin für die Geburt für die nächste Woche fest. Doch es kam anders. Ich bekam hohes Fieber, woran auch die Gabe von Antibiotika nichts änderte, und man schob mich schon zwei Tage später in den Kreißsaal, wo man mich kurze Zeit später operieren wollte. Auf meine Bitte hin wurde Rolf verständigt, dann wurde noch ein CTG gemacht. Das allerdings war so schlecht, dass es um mich herum plötzlich hektisch wurde und die Ärzte das Kind sofort holten. Dann war sie da. Rolf war so aufgeregt, dass er sofort der Kinderärztin hinterherrannte, und so hörte er auch die ersten Worte, die zu unserer Tochter gesprochen wurden: »Atme, Hexe, atme!« Und Lilly atmete. Als Frühchen musste sie dann allerdings doch in die Kinderklinik, wo es lustigerweise zu einer Verwirrung kam, denn irgendjemand hatte »Lilly« so sehr hingeschmiert, dass die Krankenschwestern in der Kinderklinik sich erst nicht halten konnten vor Lachen, denn: Wer nennt seinen Sohn schon Willy? Die Überraschung kam dann aber, als sie die Windel öffneten. Nun gut, es klärte sich alles auf. Mir ging es den Umständen entsprechend – es war schon der dritte Kaiserschnitt für mich und ich hatte ihn relativ gut überstanden. Vor allem war ich froh, dass ich das stickige Viererzimmer verlassen konnte.

Ich zog bis Anfang September in ein Wöchnerinnenzimmer mit nur einer weiteren Mutter. Diese hatte ihr Kind bei sich, was mich Lilly noch schmerzlicher vermissen ließ, aber ich wollte nicht mit meinem Schicksal hadern. Ich war erleichtert, dass Lilly trotz einer Nebennierenblutung gesund war und sich in den kommenden Monaten auch gut entwickelte. Die erste Zeit musste ich mit ihr zur Krankengymnastik, weil sie sich nur in Zeitlupe zu bewegen schien und sich später auch nur sehr langsam drehte. Man erklärte mir, dass es wohl daran lag, dass ich in der Schwangerschaft so lange gelegen hatte und sich der Gleichgewichtssinn nicht so gut entwickeln konnte. Nach ein paar Monaten gab sich auch das und heute ist Lilly ein ganz gesundes Mädchen. Als ich nach der langen Zeit wieder nach Hause kam, freuten sich die Kinder sehr, aber mich hatte die Zeit im Krankenhaus traumatisiert. Schwierig wurde es auch, als die Hebamme kam und mich zum Stillen bewegen wollte. Einen Milcheinschuss hatte ich nicht gehabt – wie auch bei den Kindern zuvor nicht – und so sollte Rolf mir eine elektrische Milchpumpe besorgen. Als ich sie anlegte, brach ich in Tränen aus. Einerseits wollte ich nur das Beste für mein Kind, andererseits fühlte es sich so schrecklich an, und nachdem die Hebamme sich davon überzeugt hatte, dass bei mir tatsächlich keine Milch kam, ließ sie mich in Ruhe und wir fütterten Lilly mit der Flasche.

Kurz nach der Geburt von Lilly erhielt Rolf seine Kündigung vom Callcenter und die Frage war, was er nun machen wollte. Eigentlich wollte er von Anfang an ohnehin nur kurz im Callcenter arbeiten, weil er nach der Schule endlich Geld verdienen wollte, um anschließend zu studieren. Allerdings kam ein Studium nun nicht mehr in Frage – wie hätten wir das finanzieren sollen? Und so riet ihm das Arbeitsamt zu einer Umschulung. Er hatte schon so lange im Callcenter gearbeitet, dass diese finanziell übernommen werden könne. Der Vorschlag war: entweder zur Bundespolizei oder eine Umschulung zum Altenpfleger. Rolf wollte nicht zur Bundespolizei, weil er mich eine Zeit lang allein hätte lassen müssen, und daher entschied er sich zu einer Umschulung zum examinierten Altenpfleger. So verliefen dann unsere ersten beiden Jahre zu sechst: Rolf machte die Umschulung und ich kümmerte mich um die Kinder.

Nach wie vor fühlte ich mich in dem Dorf unwohl, und als wir schließlich von einer Sechszimmerwohnung in der Großstadt erfuhren, zogen wir um. Zum Zeitpunkt des Umzugs war ich bereits schwanger mit Angelina. Kurz zuvor hatten wir ein Kind verloren und umso kostbarer erschien es uns, dieses Kind erwarten zu dürfen. Inzwischen hatte ich keine Zweifel mehr daran, dass Rolf und ich das schaffen würden. Aber auch bei Angelina kam es bereits in der 20. Schwangerschaftswoche zu Komplikationen: Ich hatte einen Blasenriss und es war fraglich, ob ich das Kind würde halten können. Wir hatten Glück, auch wenn diese Zeit für mich ebenso traumatisch war: Ich spürte die Kindsbewegungen, wusste, dass es lebte. Und doch konnte mir niemand die Garantie geben, dass es überleben würde. Angelina kämpfte, und als dann der Blasensprung viel zu früh erfolgte und sie in Querlage lag, musste auch sie mit einem Kaiserschnitt geholt werden. Die Ärzte bescheinigten ihr die Reife der 28. Schwangerschaftswoche. Im Gegensatz zu Lilly hatte sie aber nach der Geburt größere Schwierigkeiten und musste beatmet werden. Für mich war das ein Schock, denn es war mein drittes Frühchen und ich hatte das Gefühl, dies nicht noch einmal durchstehen zu können. Ich lag in meinem Krankenzimmer und weinte und weinte. An meinem 30. Geburtstag, zwei Tage nach Angelinas Geburt, verließ ich auf eigene Verantwortung die Klinik. Die Ärzte und Schwestern unterstellten mir, dass ich wohl nur meinen runden Geburtstag würde feiern wollen. Sie ahnten ja nicht, wie weit weg von der Wahrheit sie mit dieser Vermutung lagen. Es kam niemand zu meinem Geburtstag und wir kannten kaum Menschen, die uns zur Geburt unserer Tochter gratulierten. Aber wir hatten uns und zusammen überstanden wir auch diese schwere Zeit, die unsere Tochter auf der Frühchenstation verbrachte.

Später, als Angelina aus der Klinik kam, standen weitere Termine an. Da Angelina zunächst gar nicht auf visuelle Reize reagierte, waren die Ärzte in Sorge, dass sie erblindet sei, und schickten uns daher zum Augenarzt. Außerdem standen für sie Krankengymnastik und regelmäßige Untersuchungen beim Arzt auf dem Programm. Später kamen noch die Termine bei der Ergotherapie und der Logopädie dazu. Das alles bekamen wir mit den Terminen der anderen Kinder nur mit einem wirklich strengen Zeitplan geregelt.

Als Angelina drei Jahre alt war, endete meine Elternzeit und die Arbeitsagentur schickte mich in den Kurs »Mütter zurück in den Beruf«. Dieser Kurs war so fürchterlich langweilig, dass ich mich davon abhalten musste, in die Tischplatte zu beißen. Mit dem Zählen der Tauben, die vor dem Schulungsfenster hin- und herliefen, versuchte ich mich abzulenken. Danach mit dem Zählen der Dachziegel der Häuser drum herum. Bei jedem neuen Dozenten mussten wir uns vorstellen und einmal sagte ich: »Eigentlich wäre ich am liebsten gar nicht hier, sondern würde lieber mein Abitur nachmachen!« Der Dozent schaute mich eine Weile sprachlos an und meinte dann: »Warum machen Sie es nicht?«

Ja, warum machte ich es nicht? Ab da arbeitete der Gedanke in mir.

Eines Tages kam Rolf zu mir und meinte, er würde seine Hand nicht mehr spüren, und wenn er sie unter fließendes Wasser hielt, würde sie schmerzen. Der Arzt nahm ihn erstmal nicht ernst, schickte ihn aber zum MRT – allerdings bekam er erst einen Termin nach sechs Wochen. Nach drei Wochen war ich so fertig mit den Nerven, dass ich ihn bat, sofort in die Klinik zu gehen und sich nicht abwimmeln zu lassen. Das tat er und nach einigen Untersuchungen stand fest, dass er Multiple Sklerose hat und dies auch nicht der erste Schub war, wie man im MRT deutlich sehen konnte. Ich brach zusammen, da ich annahm, dass ich in kürzester Zeit mit fünf

Kindern allein sein würde. Doch Rolf beruhigte mich und erklärte mir, dass nicht jeder Verlauf so kritisch ist. Das nahm mir ein wenig die Angst, bestärkte mich aber auch gleichzeitig in meinem Entschluss, das Abitur nachzumachen. Wenn Rolf nicht mehr würde arbeiten können, dann würde ich das tun.

So kam es, dass ich mich tatsächlich mit 34 Jahren an einer Berufsoberschule anmeldete, und zwar gleich für die zwölfte Klasse – ich hatte keine Zeit zu verlieren. Die Schule war wahnsinnig anstrengend. Weniger vom Schulstoff – ich war begeistert, denn endlich hatte ich das Gefühl, angemessen gefordert zu sein – als vielmehr vom ganz normalen Schulalltag. Glücklicherweise war ich wesentlich älter als die anderen Schüler und dazu fünffache Mutter – da akzeptierte man es, dass ich mich absonderte. Ich verbrachte jede Pause in der Toilette, um wenigstens kurz in einem abgegrenzten Raum zu sein. Probleme machte mir die Orientierung und oft lief ich einfach den Mitschülern hinterher in der Hoffnung, dass sie den nächsten Klassenraum aufsuchen würden. Am Morgen stand ich oft sehr früh auf, um mir noch den Schulstoff anzusehen. Um 6:30 Uhr verließ ich das Haus, um erst Angelina in den Kindergarten und dann Lilly in die Schule zu bringen und anschließend selbst zur Schule zu gehen. Die älteren Kinder waren zum Glück schon so selbstständig, dass sie allein zur Schule gingen. Etwas Gutes hatte mein Schülerdasein: Ich kam meinen Kindern wieder näher, denn ich verstand es nun, wie nervig es sein konnte, noch Hausaufgaben zu machen oder ein Referat vorzubereiten. Wir saßen sozusagen »alle im selben Boot«. Ich zählte die letzten Tage bis zum Abitur und schleppte mich nur noch zur Schule – ich war völlig erschöpft. Das Abitur bestand ich dennoch gut, nur auf den Abiball brachte mich niemand mehr. Später erfuhr ich, dass man mir dort einen Preis verleihen wollte, weil ich unter diesen Umständen und mit Auslassen der elften Klasse das Abitur bestanden hatte – jedoch wäre das für mich nur eine Qual gewesen. Das zeigte ich natürlich nicht, als man mir das sagte – ich lächelte. Meine Maske saß, wenn auch schon wackelig.

MEIN SOHN, DER AUTIST

Als das erste Mal eine Erzieherin im Kindergarten meines Sohnes Jonas das Wort Autismus aussprach und mich anschließend darum bat, ihn wieder aus dem Kindergarten herauszunehmen, kannte ich nur die Klischees über Autismus. Wahrscheinlich geht es den meisten so, die noch nicht konkret über Autismus aufgeklärt wurden. Ich dachte an Menschen, die schaukelnd in der Ecke sitzen und dennoch zu phänomenalen Leistungen fähig sind, beispielsweise schneller als ein Taschenrechner zu rechnen. Demzufolge starrte ich die Erzieherin sprachlos an – irgendwie brachte ich mein Wissen über Autismus nicht mit dem Verhalten meines Sohnes zusammen und vergaß das Thema auch ganz schnell wieder. Natürlich hatten mich schon andere Mütter auf das seltsame Verhalten von Jonas angesprochen und auch der erste Kinderarzt – der anschließend leider kurz darauf seine Praxis aufgab – runzelte bei der Untersuchung die Stirn, denn Jonas reagierte nicht angemessen auf Geräusche. Er schickte mich anschließend in die Pädaudiologie, um dort das Hörvermögen zu überprüfen. Es wurde aber nichts Auffälliges entdeckt. Doch etwas nagte in mir und ich wusste, dass mein Kind anders ist, aber gleichzeitig wollte ich es nicht wahrhaben und der neue Kinderarzt beruhigte mich: Jonas sei völlig gesund. So beschloss ich, Jonas erstmal wieder aus dem Kindergarten zu nehmen, und schob es auf sein junges Alter, denn er war gerade erst drei Jahre alt geworden. Zufällig erzählte mir kurz darauf eine Nachbarin, dass ihr Kind in eine SVE kommen würde. Neugierig fragte ich nach, was dies denn sei, und meine Nachbarin erklärte mir, dass die SVE, also die Schulvorbereitende Einrichtung, speziell für auffällige und behinderte Kinder zuständig sei. Behindert kam mir Jonas nicht vor, sondern in Teilbereichen sogar ausgesprochen weit, beispielsweise interessierte er sich schon ausgiebig für Zahlen. So rief er in der U-Bahn begeistert, wenn die »1« für die U1 aufleuchtete: »Die 1 leuchtet. Sie weint nicht, die 1. Sie leuchtet.« Er rief das immer wieder – bis es gefühlt auch der letzte Fahrgast mitbekommen hatte. Ebenso im Aufzug, wo er jedes Aufleuchten der Zahlen für jedes einzelne Stockwerk kommentierte. Aber ich wunderte mich zum Beispiel, dass seine ein Jahr jüngere Schwester mich verstand, er jedoch nicht reagierte, wenn ich ihn ansprach. Oftmals wiederholte er die Worte einfach nur. Sprechen konnte er also. Trotzdem entschloss ich mich, Jonas in dieser SVE vorzustellen. Die heilpädagogische Förderlehrerin, die uns begrüßte, war mir auf Anhieb sympathisch. Sie arbeitete schon über 30 Jahre in dieser Einrichtung und hatte etwas sehr Mütterliches an sich. Ich, die es gewohnt war, Probleme allein lösen zu müssen, vertraute ihr sofort und sie gab mir das Gefühl, nicht allein mit diesem Mysterium zu sein, welches sich hinter dem Verhalten von Jonas verbarg.

»Na, dann schaue ich mir den jungen Mann mal an«, sagte sie freundlich und führte uns in eine Spielgruppe, in der sich gerade sonst niemand befand. Jonas ignorierte sie und rannte sofort zu einem Bagger. Er nahm ihn in die Hand, begutachtete ihn, drehte die Räder und brabbelte lauter Fremdwörter vor sich hin. Ich wunderte mich, woher er diese Wörter kannte, denn es waren tatsächlich Wörter mit Bedeutung, nur eben keine aus dem Alltagsgebrauch. Die Förderlehrerin lächelte mich an und meinte: »Ich glaube, hier bei uns wäre er gut aufgehoben. Ich muss nur nachsehen, ob wir noch einen Platz frei haben.« Insgeheim hoffte ich schon sehr darauf, dass dies der Fall sein würde, und Jonas und ich hatten Glück: Er durfte zum nächsten Kindergartenjahr, also mit nunmehr gerade vier Jahren, die SVE in einer Gruppe mit nur acht Kindern, einer Erzieherin und ebendieser Förderlehrerin besuchen.

Schnell wurden auch dort die Verhaltensauffälligkeiten von Jonas deutlich. Er bestand regelrecht auf die täglich gleichen Abläufe und wehe, jemand saß auf seinem Stuhl, den das Bild von einem Ball zierte, welches das Symbol für Jonas Sachen war. Auffällig war auch sein Spielverhalten. Er liebte Puzzles und machte auch solche, die eigentlich viel zu anspruchsvoll für sein Alter waren. Dabei war es sogar egal, ob er die bunte oder die unbedruckte Seite vor sich hatte – er schaffte es mühelos, die Teile korrekt zusammenzusetzen. Lag aber nur ein Teil andersherum als alle anderen, war die Hölle los. Jonas schrie, tobte, wedelte mit den Armen und war kaum zu beruhigen. Einmal malte er mit der Förderlehrerin mit Wasserfarben ein Auto, wobei sie seine Hand führte. Danach sagte sie: »So, jetzt legen wir das Bild zum Trocknen hin.« Am nächsten Tag malte Jonas mit Buntstiften und den exakt gleichen Handbewegungen das Auto nach und sagte dann zur Förderlehrerin, mit dem Blatt in der Hand: »So, das Auto legen wir zum Trocknen hin.«

Ein anderes Mal hörte er, wie sich eine Erzieherin zu einer anderen Erzieherin wandte und genervt sagte: »Jetzt habe ich aber die Nase voll!« Jonas ging zu ihr hin, schaute von unten nach oben in ihre Nase und bemerkte: »Da ist doch gar nichts drin!«

Im Alltag achtete er darauf, dass alle Kinder jede Regel einhielten. Er ermahnte andere Kinder, sie dürften erst zu Mittag essen, wenn alle Kinder am Tisch saßen, was eine Erzieherin irgendwann mal so kommentierte: »Du bist hier nicht der Hilfserzieher!« Diesen oder ähnliche Sprüche sollte Jonas noch viele Jahre hören. Nach ein paar Monaten bat mich die Förderlehrerin, Jonas in einer Kinder- und Jugendpsychiatrie vorzustellen. Auch sie sprach von Autismus, und das war der Moment, in dem mir klar wurde, dass ich nicht weiter die Augen verschließen konnte vor einer möglichen Diagnose. Ich wollte wissen, was wirklich mit Jonas los war. Zudem sprach sie noch den kryptischen Satz: »Entweder ist er hochbegabt oder geistig behindert.« Wer Jonas nicht kennt, wird sich fragen, wie man so einen Unsinn von sich geben kann, das sollte man doch deutlich voneinander unterscheiden können. Aber nein, noch heute kann er unglaublich kluge Dinge sagen und im nächsten Moment frage ich mich ernsthaft, ob er tatsächlich schon erwachsen ist. Noch immer erklären wir ihm Wege, die er noch nie gegangen ist – lange Zeit kannte er nur den Weg zur Schule und zurück –, und sei es nur zur Drogerie in unserer Stadt, in der wir ja nun schon seit 15 Jahren leben. Das machen wir immer noch, weil er sich einmal, mit 18 Jahren, auf dem Weg zur Universitätsbibliothek verirrte und dann stundenlang weinend durch die Stadt lief, niemanden ansprach und auch vergaß, dass er uns einfach hätte anrufen können. Als er nach Hause kam, war der erste Satz: »Mama, meine Brille habe ich nicht in der Hand, weil ich sie zerbrochen habe, sondern weil sie so verkrustet ist vom Salz meiner Tränen.« Andererseits schreibt er großartige Gedichte und studiert Skandinavistik und Philosophie.

Doch zurück zu unserem Weg zur Diagnose: Es dauerte ein paar Monate, bis wir einen Termin bei der Kinder- und Jugendpsychiatrie bekamen, und nach dem ersten folgten 15 weitere Termine. Zum Abschlussgespräch ging ich äußerst angespannt. Endlich würde mir eine Diagnose und die Lösung des »Problems« präsentiert werden – dachte ich. Umso enttäuschter war ich, als ich sah, wie sich die Ärztin vor mir wand. Sie druckste regelrecht herum, sprach etwas von »Wir wollen ihm keinen Stempel aufdrücken« und »Wir können zum jetzigen Zeitpunkt nur einen Verdacht aufstellen«. Die Verdachtsdiagnose lautete Autismus und dann sagte sie mir noch, dass der IQ-Test mit einem Wert von 85 nicht sonderlich gut ausgefallen sei und Jonas niemals würde allein leben können. Aber er möge doch bitte weiter wöchentlich in die Therapie zu ihnen kommen, genauer zur Logopädie. So brachte ich Jonas einige Monate wöchentlich in die Kinder- und Jugendpsychiatrie (KJP) und schließlich hatte ich eine ratlose Logopädin vor mir. So ein Kind hätte sie noch nie gesehen. »Ich weiß nicht, was mit ihm los ist. Er kann fehlerfrei sprechen und er spricht auch, aber er weiß nicht, was er sagt!« Das war mir auch schon mehrmals aufgefallen, aber ich meinte auch zu bemerken, dass Jonas es zu kompensieren versuchte. So fragte ihn einmal ein Arzt: »Jonas, seit wann hast du denn eine Brille?« Jonas antwortete: »Meine Mama hat auch eine Brille.« Der Arzt wieder: »Nein, ich möchte von dir wissen, seit wann du deine Brille hast.« Jonas daraufhin: »Meine Brille ist grün.« Auf mich machte es den Eindruck, dass er einen innerlichen Karteikasten hatte und auf jede Frage verschiedene Antworten sammelte. Wenn er einmal einen Fehler machte und dieser korrigiert wurde, machte er ihn jedoch nie mehr. Das hinderte ihn aber nicht daran, hin und wieder eigene Wörter zu erfinden wie »Leiterbesen« für Rechen oder »Arztbonbons« für Hustenbonbons oder »Gurglung« für Mundspülung.

Nachdem die Logopädin die zuständige Ärztin über ihren Eindruck zu Jonas informiert hatte, bekam er eine Spieltherapie. Sofort fiel die niedrige Frustrationstoleranz von Jonas auf. Wenn er verlor, schrie und tobte er. Einmal sagte eine Erzieherin zur anderen in der SVE: »Der Jonas kann einfach nicht verlieren.« Jonas hatte dies gehört, und als ich am Nachmittag mit ihm schnell eine Straße überqueren musste und daraus ein Wettrennen machte und schneller als Jonas war, warf er sich mitten auf die Straße und tobte: »Ich kann doch nicht verlieren!«

Nach ein paar Monaten Spieltherapie waren sich die Ärzte einig und Jonas bekam eindeutig die Diagnose Autismus. Ich las viele Bücher über Autismus und begriff dennoch nicht, dass ich selbst Autistin bin. Trotzdem verstand ich Jonas von meinen Kindern immer am besten. Ich wusste, warum er beispielsweise immer seine Nase ins Essen steckte, obwohl die anderen Kinder es eklig fanden. Genauso eklig, wie wenn er den Kassenzettel abschleckte oder in die Duftkerze biss. Er erforschte die Dinge auf seine Art und er konnte sich schlicht nicht vorstellen, wie das auf die anderen Kinder wirkte. Auch nicht, weshalb sie lachten, als er die Hose im Unterricht herunterzog, als es ihm am Po juckte. Er nahm es zur Kenntnis, dachte sich aber nichts dabei. Natürlich erklärte ich ihm, wie das bei den anderen Kindern ankam, aber dann kam die nächste Situation, die vielleicht ein wenig anders war – zum Beispiel nicht in der Schule, sondern auf dem Spielplatz – und die Regel »Hose nicht im Unterricht ausziehen« galt nicht dafür. Diese ungeschriebenen Regeln sind aber auch schwierig und neurotypische Menschen scheinen sie intuitiv zu erfassen. Beispielsweise kannte Jonas es vom Schulschwimmen, dass man sich sofort nach dem Schwimmen abduscht und anzieht. Das macht man aber nicht, wenn man sich ein paar Stunden im Freibad aufhält. Diese Situation ist mir nur zufällig aufgefallen, weil ich ausnahmsweise mit ihm im Schwimmbad war. Nach dem ersten Baden zog er sich dort wieder komplett an, während alle anderen Menschen um ihn herum in ihrer Badekleidung auf den Handtüchern saßen. Obwohl ich sehr gerne schwimme, mag ich besonders Freibäder nicht; überhaupt draußen zu sein und dann auch noch in einer Masse von Menschen zu sitzen, die dazu auch noch äußerst laut sind, ist mir fürchterlich unangenehm, und so vermied ich solche Situationen stets.

Nachdem wir vom Dorf in die Stadt gezogen waren, kam Jonas in eine andere SVE und wir suchten uns auch einen neuen Psychiater, der Jonas sehr wohlwollend begutachtete und für den auch schnell klar war, dass da ein kleiner Autist vor ihm stand. In der SVE wurde Jonas immer unglücklicher. Die Kinder ärgerten und drangsalierten ihn. Eines Tages trat ihm ein Junge so fest ins Gesicht, dass Jonas einen Zahn verlor. Da hörte ich zum ersten Mal den Satz von ihm: »Ich will nicht mehr leben.« Glücklicherweise neigte sich nun die SVE-Zeit dem Ende zu und es kam die Frage auf, welche Schule Jonas besuchen sollte. Doch das war überhaupt nicht einfach zu beantworten, denn er hatte sich bereits selbst lesen, rechnen und das Lesen der Uhr beigebracht. Sein Verhalten war noch immer so auffällig, dass die Erzieher aus der SVE und ich ihn uns nicht in einer Klasse in der Regelschule mit beinahe 30 Kindern vorstellen konnten. Schweren Herzens ließ ich ihn in eine Förderschule einschulen. Es erschien mir nicht die richtige Wahl zu sein, da er kognitiv dort überhaupt nicht hingehörte. Mir kam es vor, als hätte ich die Wahl zwischen Pest und Cholera. Weder die Regelschule noch die Förderschule schienen richtig für Jonas zu sein. In der einen Schule würde er sicherlich kognitiv unterfordert und in der anderen sozial-emotional überfordert sein.

Nach kurzer Zeit wurde auch deutlich, dass Jonas nicht in die Förderschule gehörte. Er schrieb ganze Sätze, rechnete in

Bereichen, die ich nicht mehr überblicken konnte (sein Lieblingsspiel war Monopoly, weil er da das Geld zählen konnte), während die anderen Kinder gerade mal die Zahl 1 malten, mehrere Arbeitsblätter lang.

Dass es Jonas in der Förderschule nicht gut ging, merkte ich daran, dass er völlig unausgeglichen von der Schule nach Hause kam und schlecht zu beruhigen war. Er erzählte nichts von der Schule, was aber nicht ungewöhnlich für ihn war. Ein richtiges interaktives Gespräch war damals noch nicht möglich. Also suchte ich den Kontakt zur Regelschule und Jonas durfte dorthin zur Probe. Er hatte großes Glück, denn er bekam die Schulpsychologin als Klassenlehrerin, die sehr gelassen mit ihm umging. Wenn Jonas mal wieder unter dem Tisch lag – dazu genügte nur ein Arbeitsblatt in einer ausnahmsweise anderen Farbe –, bat sie ihn, vor die Tür zu gehen und draußen ein wenig herumzulaufen. Dort beruhigte er sich, und wenn er sich erholt hatte, kam er wieder zurück. Leider durfte er dies irgendwann nicht mehr allein. Das wäre unterlassene Aufsichtspflicht, erklärte man mir später.

Mit den anderen Kindern lief es leider nicht so gut. Schnell war Jonas der »Freak« und er wurde in seiner gesamten Schulzeit nur ein einziges Mal zu einer Geburtstagsfeier eingeladen. In solchen Momenten fühlte ich mich in meine eigene Kindheit und Jugend zurückversetzt. Die Kinder beschimpften Jonas, steckten ihn in die Mülltonne und seinen Turnbeutel in die Toilette. Konsequenzen gab es für die Kinder kaum. Jeder kannte Jonas und es hieß, er sei selbst schuld mit seinem Verhalten. Nur einmal gab es für die anderen Kinder Ärger, nämlich als auf dem Heimweg ein paar

Klassenkameraden ihm ein Messer unter die Nase hielten und riefen: »Jetzt stechen wir dich ab!« Jonas reagierte erstaunt und sagte verwundert: »Aber ich bin doch kein Würstchen!« Die Jungs waren zu perplex, um zu reagieren, und so konnte Jonas nach Hause rennen. Wobei das sicher nicht von ihm so geplant war, aber er konnte die Situation für sich nutzen. Zu Hause bemerkte ich natürlich, dass er völlig außer Atem war, und bekam nach einigem Nachfragen heraus, was geschehen war. Ich rief sofort – obwohl es mich Überwindung kostete, weil ich nicht gerne telefoniere – in der Schule an und ließ mich mit dem Direktor verbinden. Dieser versprach mir, sich darum zu kümmern und die Jungs am nächsten Tag zu sich zu zitieren.

Jonas besuchte mittlerweile die zweite Klasse und fuhr auf Wunsch des Jugendamtes nachmittags regelmäßig in eine heilpädagogische Tagesstätte. Als ich das Jugendamt einmal aufsuchte, weil es für etwaige Hilfen und vor allem die Kosten zuständig ist, zweifelte der dortige Mitarbeiter die Diagnose Autismus an. Er hatte mit Jonas einige Tests gemacht, die dieser wohl sehr gut bestanden hatte. Letztendlich hatte Jonas ihm sogar fehlerfrei eine Uhr mit römischen Ziffern gemalt – zwar unter dem Tisch, aber immerhin. Der Mitarbeiter fragte mich also: »Möchten Sie lieber einen behinderten oder einen hochbegabten Sohn?« Damals wusste ich noch nicht, dass man beides gleichzeitig sein kann, aber ich kam ins Grübeln. Vielleicht hatten sich die Ärzte geirrt? Vielleicht war Jonas tatsächlich einfach nur hochbegabt und verhielt sich deshalb so? Aber weshalb war dann der damalige IQ-Test so schlecht ausgefallen? Manchmal wünsche ich mir, in der Zeit zurückreisen zu können, mit dem Wissen, welches ich heute habe. Dann wäre ich nicht so verunsichert gewesen. Ich wusste damals aber nicht viel über Autismus und ich wollte natürlich alles richtig machen. Ich wusste jedoch nicht, was das Richtige war, und dieser Zustand bereitete mir viel Kopfzerbrechen.

Die heilpädagogische Tagesstätte war auf die Dauer kein Zustand. Die in etwa gleichaltrigen Kinder, die mit Jonas im Bus zur Tagesstätte und zurück saßen, ärgerten ihn, bespuckten und schlugen ihn. Wieder interessierte dies niemanden. Er solle sich nicht so anstellen. Mein Vertrauen in die Erzieher dort war also schon sehr angeschlagen, aber es erlosch ganz, als ich hörte, dass sie sich ohne mein Wissen mit Jonas' neuer Klassenlehrerin der dritten Klasse getroffen hatten. Schließlich hatte ich ausdrücklich gesagt, dass ich bei jedem Gespräch anwesend sein möchte. Also nahm ich ihn aus der Tagesstätte, auch wenn das Jugendamt protestierte. Das löste aber leider nicht alle Probleme, denn die neue Klassenlehrerin kam mit Jonas überhaupt nicht zurecht. Als ich sie darauf ansprach und darum bat, mit der Schulpsychologin zu sprechen, die mit Jonas gut zurechtgekommen war, war die Antwort: »Das ist mir egal. Ich muss das jetzt ausbaden!« Jonas erschien mir immer unglücklicher und ich wusste nicht mehr weiter.

Ein halbes Jahr später wurde eine Tagesklinik an unserem Klinikum eröffnet, gerade eine Straße weiter von uns. Mir erschien es eine gute Idee, Jonas dort vorzustellen. Vielleicht konnte man uns dort helfen. Wir bekamen die Zusage, dass Jonas zunächst ab dem Beginn des nächsten Schuljahres für ein paar Monate an der Tagesklinik bleiben durfte. Ich war froh, dass er somit vorerst von der Schule befreit war. Im Nachhinein war die Idee vielleicht doch nicht so gut, denn die Klinik entschied sich dafür, die Diagnose Autismus für falsch zu halten und Jonas eine Anpassungsstörung zu bescheinigen. Diese ist in der Regel zeitlich begrenzt und bezieht sich beispielsweise auf belastende Lebensveränderungen wie die Geburt eines Geschwisterkindes oder die Trennung der Eltern. Innerlich schüttelte ich den Kopf. Diese Anpassungsstörung dauerte nun schon ziemlich lange, im Grunde genommen sein ganzes Leben lang. Eine Frage konnte ich mir daher nicht verkneifen: »Weshalb stellen Sie denn eine andere Diagnose als die Kinder- und Jugendpsychiatrie?« Die Antwort kam schnell: »Nun, die Ärzte in der KJP haben Jonas nur stundenweise gesehen. Wir aber den ganzen Tag!« Das nahm ich zur Kenntnis und wandte mich der nächsten Aufgabe zu: eine neue Schule für Jonas zu finden.

Wir hatten erneut ein wenig Glück. Jonas wechselte noch zum zweiten Halbjahr der vierten Klasse in eine Klasse mit ausnahmsweise zwei Lehrerinnen und die neuen Lehrerinnen kamen gut mit ihm zurecht. Doch das Halbjahr verging schnell und es stand der Wechsel zur weiterführenden Schule an. Wieder überlegte ich, was denn nun das Beste für Jonas sei. Die Frage war, welche Schulform wir wählen sollten, und im Anschluss daran, welche Schule genau? Die Schule selbst riet mir zum Gymnasium, da das Zeugnis von Jonas ausgezeichnet war. Aber welches Gymnasium? Ein Bekannter riet mir zu einem Gymnasium, an dem er selbst Lehrer war. Vor dem Wechsel fragte ich beim Arzt der Tagesklinik nach, ob ich die Lehrer am Gymnasium über das Verhalten von

Jonas informieren sollte. »Bloß nicht«, meinte er, »die sollen sich selbst ein Bild machen.« So sagte ich nichts. Ein großer Fehler, wie sich innerhalb kurzer Zeit herausstellte. Die Lehrer selbst bemerkten zunächst nichts, aber dafür die Klassenkameraden umso schneller. Nach kürzester Zeit hatte sich ein Muster eingespielt: Wenn ein Lehrer eine Frage stellte, blieben alle Kinder ruhig, nur Jonas meldete sich. So, wie er sich eigentlich immer meldet. Auch später erzählten mir Lehrer immer wieder, dass er am liebsten den Unterricht mit ihnen allein gemacht hätte. Dann gab er die Antwort in seiner sehr besonderen Art sich auszudrücken, etwa: »Herr Lehrer, Ihre Lösung ist falsch. Ich schlage Ihnen vor, diese noch mal zu überdenken.« Die anderen Schüler feixten. Zu Hause erzählten sie ihren Eltern von dem »sonderbaren Jungen«. Es dauerte nicht lange, bis diese Eltern bei den Lehrern saßen und ich einen Anruf erhielt mit der Aussage: »Das Kind ist so nicht tragbar!«

Da saß ich nun, völlig verzweifelt. Ich wusste nicht mehr, wohin mit Jonas. Letztendlich blieb nur die KJP in der Nachbarstadt. Bei der Ankunft dort erklärte man uns, dass Jonas während der ersten Tage keinen Besuch von uns erhalten dürfe. Am nächsten Tag rief man mich jedoch an und bat mich, seine Krankenkassenkarte vorbeizubringen. Jonas sah mich dabei. Entrüstet rief er: »Mama, was machst du denn hier? Du darfst doch gar nicht hier sein, ich habe Besuchsverbot!« Regeln konnte er einordnen. Sie gaben ihm Halt, weshalb er sich akribisch an sie hielt.

Als ich ihn dann schließlich besuchen durfte, bekam ich mit, wie ihn ein Pfleger beiseitenahm und mit ihm schimpfte. Jonas hatte mit den anderen Kindern und Jugendlichen gefrühstückt und unter diesen waren auch magersüchtige Patienten. Er bekam mit, dass ein Mädchen sich sehr kalorienbewusst ernährte beziehungsweise diese zu vermeiden versuchte. Eines Tages überwand es sich doch und griff nach der Butter. Jonas sprach das Mädchen an: »Willst du sie wirklich essen? Butter hat 81 Prozent Fett!« Das war der Moment, in dem der Pfleger eingriff. Jonas war sich keiner Schuld bewusst – er wollte dem Mädchen nur helfen.

Das Gute an dem Aufenthalt in der KJP war, dass man eine erneute Diagnostik einleitete. Die Diagnose, die anschließend gestellt wurde, nämlich Autismus – welch Überraschung –, gefiel dem Jugendamt immer noch nicht. Aber Jonas hatte nun endlich einen Anspruch auf einen Schulbegleiter und kam anschließend auf ein anderes Gymnasium, nämlich in das, welches auch Miriam besuchte. Das Problem hierbei war, dass es eine andere Sprachenfolge hatte, nämlich nicht Latein als erste Fremdsprache, sondern Englisch. Für Jonas war das glücklicherweise keine große Hürde; er holte das eine verpasste Jahr Englisch problemlos in den Sommerferien nach.

Weshalb das Jugendamt solche Schwierigkeiten mit der Diagnose hatte, kann ich nur erahnen. Ein Einzelfall mit Problemen diesbezüglich mit dem Jugendamt bin ich aber nicht. Möglicherweise geht es um die hohen Kosten, die beispielsweise eine Schulbegleitung verursacht. Es kann aber auch sein, dass man zu hören bekommt: »Autismus ist doch nur eine Modediagnose.« Inzwischen weiß man aber, dass 1 bis 2 Prozent der Bevölkerung autistisch ist. Die meisten Menschen werden also mehr Autisten begegnet sein, als ihnen bewusst ist. Die nächsten Jahre verliefen zwar auch nicht reibungslos, aber letztendlich hat Jonas das Gymnasium mit dem Abitur abgeschlossen. Eine abschließende Frage hatte ich nach der Diagnose noch an die KJP: »Weshalb haben Sie eine andere Diagnose als die Tagesklinik gestellt?« – »Wissen Sie«, sagte man mir, »die Tagesklinik hat Jonas nur am Tag gesehen. Wir aber haben ihn TAG und NACHT gesehen!« Dazu fiel mir nichts mehr ein.

Inzwischen war Jonas zwölf Jahre alt und mehrfach diagnostizierter Autist. Ich dagegen wusste und ahnte immer noch nicht, dass auch ich Autistin bin. Das lag daran, dass Jonas schon als Kleinkind sehr auffällig war und dazu auch noch in einigen Bereichen wesentlich auffälliger, als ich es je war. Dazu kam, dass ich fälschlicherweise annahm, dass hauptsächlich Jungen und Männer Autisten sind. Außerdem gestaltete sich die Diagnostik schon bei Jonas als sehr schwierig – also bei einem Kind, das, wie man mir oft bestätigt hatte, so offensichtlich autistisch und überhaupt auffällig war. Jonas maskiert überhaupt nicht, auch wenn das für ihn bedeutet, dass andere Jugendliche sich deshalb von ihm distanzieren. Er zieht zum Beispiel noch immer sein T-Shirt weit über die Nase, wenn jemand in seiner Nähe raucht, und gibt auch dementsprechende genervte Geräusche von sich. Er ist sehr impulsiv, und wenn er eine Meinung zu etwas hat, äußert er sie sofort und kann schlecht abwarten, bis er an der Reihe ist. Er denkt auch nicht daran, ob er jemanden damit verletzt. Wenn ihm etwas zu laut ist, hält er nicht einfach aus, nein, er zeigt überdeutlich, dass die Geräusche unangenehm sind, indem er sich demonstrativ die Ohren zuhält. Das macht er einerseits, um sich zu schützen, andererseits möchte er den Menschen um sich herum durchaus zeigen, dass die Situation unerträglich für ihn ist. In der Stadt wird man ihn nie »bummeln« sehen. Er hat immer sein Ziel vor Augen und rennt, mit dem Oberkörper nach vorne gebeugt, darauf zu. Noch immer ist er auf das strikte Einhalten von Regeln bedacht. Wenn er in der U-Bahn-Station jemanden mit einer brennenden Zigarette erwischt, geht er, ohne zu zögern, auf ihn zu und fordert ihn auf, die Zigarette auszumachen. Einmal rügte er eine ganze Gruppe Jugendlicher und einer von ihnen meinte zu ihm: »Ey, bist du behindert, oder was?« Jonas zückte, ohne zu zögern, seinen Schwerbehindertenausweis und sagte. »Ja, willst du ihn dir mal ansehen?«

MEINE INSTABILE MASKE

Meine Schwierigkeiten waren, zumindest, als ich ein Klein-kind war, wesentlich subtiler, was aber nichts darüber aussagt, wie sehr ich gelitten habe. Mit dem heutigen Wissen ist mir jedoch klar, dass dieses Leiden nicht hätte sein müssen, wäre ich in einem passenden Umfeld aufgewachsen. Aber vor über 40 Jahren war daran nicht zu denken und darüber hinaus trug mein Elternhaus auch nicht zu einer schönen Kindheit bei – im Gegenteil.

Meine Erinnerungen setzen ein, als ich ungefähr zwei Jahre alt war. Ich entsinne mich daran, dass ich, sobald meine Stief-mutter in unser Leben trat, mich ungeliebt, überflüssig und verachtet gefühlt habe. Nicht nur gab es kein liebes Wort, nein – ich war auch ständig irgendwelchen Spielchen aus-gesetzt, die mir das Gefühl gaben, dass es darum ging, mich demütigen zu wollen. Mich am Morgen nackt vor den Spie-gel zu stellen und mir zu sagen, wie hässlich ich bin, war nur eines davon. So kam es, dass ich mich niemals meinen Er-ziehungsberechtigten anvertraute. Auch nicht, als man mich in der Schule hänselte und ich mich nie dazugehörig fühlte.

Meine Sorge war, dass man mich auslachen und es noch hämisch gegen mich verwenden würde.

So flüchtete ich mich in die Welt der Bücher. Besonders interessierte ich mich in der frühen Jugend für die Nazizeit, und als ich *Damals war es Friedrich* und *Das Tagebuch der Anne Frank* las, hatte ich zum ersten Mal das Gefühl, dass es Menschen gab, die zwar andere Erfahrungen gemacht hatten, aber letztendlich doch das Gefühl kannten, außen vor zu sein. Gerade Anne Frank faszinierte mich so, dass ich in mein Tagebuch Briefe schrieb, die ich an Anne Frank richtete. So rettete ich mich durch die Teenagerzeit. Diese Briefe schrieb ich heimlich mitten in der Nacht. Nicht nur, weil ich auf keinen Fall wollte, dass meine Stiefmutter von meinem Innersten wusste, sondern auch, weil ich die Nacht liebte. Das tue ich übrigens immer noch. Das Licht ist viel angenehmer als die grelle Sonne, die mir schon immer in den Augen schmerzte. Es ist wesentlich ruhiger. Manchmal schlich ich mich auch hinaus in die Dunkelheit. Die Luft erschien mir klarer; viele Reize, dich mich am Tag störten, waren gedämpfter. Es fuhren weniger Autos und selbst die Vögel schliefen. Doch auch nachts blieb ich nie lange draußen. Noch nie habe ich es verstanden, weshalb die meisten Menschen gerne draußen frühstücken oder grillen. Für mich prasseln in dieser Situation so viele Reize auf mich ein, dass ich dankbar bin, wenn ich wieder zurück in geschlossene Räume darf, die mir mit ihrer Begrenzung Sicherheit geben. Durch die vielen Geräusche draußen (Blätterrauschen, Bienen, Vögel, Autos etc.) fällt es mir noch schwerer, Gesprächen zu folgen. Überhaupt kann ich Geräusche nicht so filtern, wie es neurotypische Menschen tun. Das wusste ich als Kind jedoch noch nicht; ich merkte nur, dass andere Menschen sich problemlos unterhielten, auch wenn viele Menschen um sie herum durcheinandersprachen. Darunter litt ich, aber ich wollte es mir nicht anmerken lassen. Ich nahm an, dass man mich nur auslachen oder bestenfalls kein Verständnis zeigen würde.

Später, im Berufsleben, setzte man noch höhere Anforderungen an die soziale Kompetenz an mich und mir fiel es immer schwerer, mich als normal zu »verkaufen«. Ständig fühlte ich mich wie eine Schauspielerin, die mühsam versuchte, den Text zu behalten: »Denk an das Händeschütteln – nicht zu fest und nicht zu weich; denk daran, dem anderen dabei in die Augen zu sehen und zu lächeln.« Das Lächeln übte ich vor dem Spiegel. Immer spielte die Angst mit rein, »aufzufliegen«. Und ab und an tat ich das auch, aber niemand hinterfragte, was tatsächlich mit mir los sein könnte. Stattdessen gab es unangenehme Konsequenzen. Beispielsweise als ich in der Bank arbeitete. In der Buchhaltung gefiel es mir tatsächlich sehr gut. Ich hatte einen festen Arbeitsplan und Listen, die ich abgleichen musste. Ich fühlte mich relativ sicher, denn ich hatte sogar verstanden, dass Businesskleidung erwartet wurde. Was man mir aber nicht sagte, war, dass man diese gerade als Frau täglich wechselte und es auch nicht ging, dass man nur drei komplette Outfits hat, selbst wenn diese regelmäßig gewaschen wurden. Wieder erfuhr ich dies nur durch Zufall, als ich mitbekam, dass man diesbezüglich über mich lästerte, da ich eine ungeschriebene Regel nicht eingehalten hatte. Das bedrückte mich so sehr, dass ich mir schwor, dass man deshalb nie wieder über mich lästern sollte. So machte ich mir einen Plan, wie und wann ich welches Kleidungsstück tragen würde; und nicht nur das, ich begriff, dass von mir auch ein Make-up erwartet wurde. So begann ich, die anderen Frauen regelrecht zu studieren, und ging nie mehr unmodisch oder ungeschminkt aus dem Haus. Inzwischen ist das für mich meine Maske geworden, mit der ich einfach nicht auffalle. Was mich aber von den anderen, modebewussten Frauen unterscheidet: Mir fehlt das Interesse an Mode und Make-up. Für mich ist es nur etwas, hinter dem ich mich verstecke. Heute habe ich es wenigstens in der Hinsicht einfacher, denn ich kann meine älteste Tochter fragen, ob ich so oder so das Haus verlassen kann. Ich bestelle meine Kleidung und sie hilft mir, die passenden Stücke auszuwählen.

Während meiner Zeit in der Bank verletzte ich noch weitere – vermutlich soziale – Regeln im Umgang mit den Kollegen, wobei ich diese noch heute nicht benennen kann. Aber es belastete mich immens, nicht zu wissen, was ich falsch machte, denn niemand sprach mich konkret auf meine Fehler an, und das wirkte sich auf meine Arbeit aus. Die Listen sah ich nicht nur einmal durch, sondern mehrmals und irgendwann kam es dazu, dass ich meine Arbeit nicht mehr schaffte. Die folgende erste Schwangerschaft kam einer Flucht aus dieser Situation gleich. Aber auch die Tatsache, dass ich später mit den Kindern zu Hause bleiben konnte, löste meine Probleme nicht. Zwar nahm ich überwiegend nur die Termine wahr, die die Kinder wahrnehmen mussten, aber der zunehmende Stress mit der Erziehung und den Männern aktivierte weitere Auffälligkeiten: Ich kontrollierte zigmal, ob ich den Herd und das Bügeleisen ausgemacht hatte. Wenn ich die Wohnung verließ, prüfte ich ebenso oft, ob ich die Haustür tatsächlich abgeschlossen hatte. Einmal war ich mir so unsicher, dass ich mitten auf einer Bundesstraße wendete und damit fast einen Unfall verursachte. Der Leidensdruck war also sehr hoch und ich wusste, dass ich mir Hilfe suchen musste. Allein über die Psychiater, Ärzte, Psychologen und Therapeuten, die ich im Laufe meines Lebens kennengelernt habe, könnte ich ein Buch schreiben.

Den ersten Psychologen lernte ich mit neun Jahren kennen, als ein Arzt meinen Eltern riet, mich ihm vorzustellen. Mit ihm allein war es ganz nett, aber mit Erwachsenen an sich hatte ich auch keine Schwierigkeiten. Sie hielten sich an gewisse Regeln, waren nicht so sprunghaft wie Kinder und man konnte sich ernsthaft mit ihnen unterhalten. Über Fehler meinerseits in der sozialen Interaktion sahen sie meist großzügig hinweg, zumal ich mich immer entschuldigte. Als der Psychologe aber auf die Idee kam, mich mit zwei weiteren Mädchen zu therapieren, eskalierte es. Was das für eine Therapie war, weiß ich nicht, aber wir sollten alle ein Bild malen und ich malte einfach vor mich hin. Die beiden anderen Mädchen fühlten sich wohl ignoriert und fingen erst an, mein Bild zu zerstören, und dann, mich zu kneifen und zu kratzen. Ich reagierte kaum. Ich wusste einfach nicht, wie man darauf reagiert. Das sprach der Therapeut auch bei meinen Eltern an, aber sie zuckten nur mit den Achseln. Mit diesen Mädchen wollte ich dann nicht mehr therapiert werden und meine Eltern nahmen das zum Anlass, mich komplett von der Therapie abzumelden.

Mit gerade 18 Jahren kam ich selbst auf die Idee, mich in Therapie zu begeben, aber ich übersah, dass diese bei jenem Psychologen privat zu zahlen war. Als die erste Rechnung kam, war ich so erschrocken, dass ich die Therapie abbrach. Der nächste Versuch war mit 20 Jahren und ich bekam zum ersten Mal Antidepressiva verschrieben. Inzwischen hatte ich auch schon starke Ängste entwickelt, und als mein damaliger Ehemann, der sehr unzuverlässig war, sich wieder um einige Stunden verspätete und es ihm auch egal war, ob ich mir Sorgen machte oder nicht, wurde es so schlimm, dass ein Notarzt kommen und mir eine Spritze geben musste. Zu dieser Zeit gab es schon niemanden mehr, den ich hätte anrufen und der mir hätte helfen können. Als dann überraschend die Schwangerschaft festgestellt wurde – zuvor hieß es eigentlich nach einer Bauchspiegelung, die gemacht wurde, weil ich monatelang keine Periode bekam, ich könne keine Kinder bekommen –, ging ich in eine psychosomatische Klinik, denn die Medikamente konnte ich nicht weiter nehmen. In der Klinik fühlte ich mich nicht verstanden, aber immerhin überstand ich so große Teile der Schwangerschaft und man riet mir dort zu einem Mutter-Kind-Heim, welches ich dann im späteren Verlauf auch aufsuchte. Im Mutter-Kind-Heim ging es mir allerdings – wie ich bereits erzählt habe – psychisch so schlecht, dass ich einen Suizidversuch unternahm. In der Psychiatrie, in die man mich nach der Stabilisierung verlegte, schaute mich der Arzt nur an und fragte: »Was suchen Sie denn hier? Sie sehen doch so gesund aus.« Da war mir klar, dass mir dieser Arzt auch nicht helfen konnte.

Schließlich brachte mich nur diese eine Sozialpädagogin, von der ich schon berichtet habe, dazu, weiterzuleben. Trotzdem verbrachte ich noch ein paar Monate auf einer psychosomatischen Station. Auch dort verstand man mich nicht, aber ich redete mir ein, dass es wohl immer nur an mir liegt. Fast alle anderen Patienten konnten von ihrer Therapie profitieren. Nun, nicht ganz alle, denn eine Mitpatientin brachte sich dann doch um. Doch mein Zustand besserte sich nicht, also musste wohl etwas mit mir nicht stimmen. Ich resignierte und glaubte nicht mehr daran, dass man mir helfen könne. Doch etwas hinderte mich immer wieder daran, ganz aufzugeben, und so suchte ich mir, als ich allein mit meinem Kind lebte, wieder einen Therapeuten. Dieser hatte eine Menge aufgespießter Tiere in seinem Zimmer, was mich gruselte. Dann bat er mich, mich mit dem Rücken zu ihm zu setzen und zu erzählen, was mir einfiel. Ich war ratlos und schaute aus dem Fenster. »Der Himmel ist blau und die Wolken sind weiß ...«, begann ich und er unterbrach mich. »Doch nicht so etwas!«, schimpfte er. Verunsichert drehte ich mich um, sah ihn an und begriff, dass ich mir schon wieder am falschen Ort Hilfe suchte.

Ein paar Jahre später erzählte mir eine Mutter, deren Tochter wie Lilly einen Malkurs besuchte, von einem ganz wunderbaren Therapeuten und ich ging hin. Innerlich verkrampfte ich mich bei ihm, aber da die Mutter so begeistert von ihm war, nahm ich an, dass es wohl wieder nur an mir liegen würde. Er versuchte es mit Entspannung und legte eine Entspannungs-CD ein. Innerlich seufzend beobachtete ich, wie sich der Therapeut mit dem Einsetzen der Musik entspannte und einschlief. Nein, dieser Therapeut konnte mir auch nicht helfen.

Irgendwann hörte ich durch Zufall von einem angeblich exzellenten Therapeuten, der besonders gut mit Frauen umgehen könne. Dieser bot mir recht bald das »Du« an und empfahl Tantra und einen Swingerclub und überhaupt das Treffen mit fremden Männern. Er fing immer wieder davon an und ich fühlte mich so unwohl bei ihm, dass ich nicht mehr zu ihm ging.

Schließlich kam die Zeit, als ich mein Abitur nachholte. Damals war ich wie gesagt 34 Jahre alt. Ab da ging es mir auch körperlich immer schlechter. Ich schaffte es kräftemäßig kaum noch, die alltäglichen Anforderungen zu erfüllen, biss mich aber durch. Ab Freitagnachmittag nach der Schule bis Montagmorgen vor Schulbeginn war ich allerdings kaum noch ansprechbar, bis ich mich wieder zur Schule schleppte. Doch ich wusste ja, wofür ich das machte. Die Angst trieb mich, finanziell allein für meine Familie verantwortlich zu sein.

Nach dem Abitur war die Frage, was ich studieren möchte. »Möchte« ist vielleicht nicht das richtige Wort. Zur Auswahl stand nur die einzige staatliche Fernuniversität in Hagen und dort werden nicht viele Studiengänge angeboten. So entschied ich mich für Jura. Damals nahm ich noch fälschlicherweise an, dass es bei Jura um Gerechtigkeit geht. Zudem wollte ich meine Familie ernähren. So lernte ich fast täglich und die ersten Semester liefen sogar einigermaßen gut, auch wenn ich immer mehr merkte, wie mir die Kraft fehlte. Doch mit einem Schlag ging gar nichts mehr. Die Zwänge, Ängste und Depressionen nahmen so zu, dass ich nicht mehr vertuschen konnte, anders zu sein. Ich schaffte es nicht mehr zu kompensieren, dachte nicht mehr daran, irgendwem die Hand zu geben, geschweige denn zu lächeln. Schlussendlich schaffte ich es auch gar nicht mehr, das Haus zu verlassen. Ich konnte nicht mehr – meine Maske war vollends gefallen. Das war der Moment, als ich mich daran erinnerte, was mir der Fachmann des Autismus-Kompetenz-Zentrums gesagt hatte, welches wir wegen Jonas schon viele Jahre besuchten: »Frau Opitz-Kittel, lassen Sie sich auch auf Autismus untersuchen.« Bis dahin hatte ich diesen Gedanken erfolgreich von mir geschoben.

So kam es, dass ich bei einem Psychologen einen Termin vereinbarte, der mit einer Psychiaterin mit Spezialisierung auf Autismus zusammenarbeitete. Aus dem einen Termin wurden viele Termine. Ausführlich musste ich meinen Lebenslauf und meine Schwierigkeiten darlegen und auch Rolf wurde ausgiebig befragt. Letztendlich war der Psychologe davon überzeugt, dass ich Autistin bin. Der Psychologe vermittelte mir ein paar Termine bei besagter Psychiaterin und diese bestätigte die Diagnose nach einigen weiteren Untersuchungen eindeutig: »F 84.5: Asperger-Autismus«. Zu der damaligen Zeit wurde noch unterteilt in frühkindlichen Autismus, atypischen Autismus und Asperger-Autismus. Heute spricht man von einer Autismus-Spektrum-Störung (ASS). Unterteilt wird jetzt in Schweregrade. Dazu könnte ich noch viel schreiben. Mein Rat: Es gibt viele Autisten, die im Internet unterwegs sind und auch bloggen. Sie sind die beste Quelle, um sich über Autismus »aus erster Hand« zu informieren.

Zu diesem Zeitpunkt war ich 37 Jahre alt. Die Erleichterung danach war grenzenlos! Endlich konnte ich mir so viele Dinge erklären. So vieles ergab auf einmal Sinn. Trotzdem war mir auch bewusst, was diese Diagnose bedeutet: Autismus ist nicht heilbar und ich werde immer anders und nie normal sein, was immer das auch ist.

Endlich hatte ich den Mut, mit anderen Autisten in Kontakt zu treten und darüber hinaus sogar eine Selbsthilfegruppe zu gründen. Endlich gibt es einen Ort, an dem ich mich verstanden fühle, an dem ich mich mit anderen Autisten austauschen kann, und zwar täglich, denn inzwischen bin ich über das Internet mit sehr vielen Autisten vernetzt. Selbstverständlich sind wir nicht alle gleich, aber das sind neurotypische Menschen – also die, die keine Autisten sind – auch nicht. Wenn ich hier meine Geschichte aufschreibe, dann ist es nur eine Geschichte von sehr vielen, die es wert sind, gehört zu werden. Außerhalb der Autismus-Diskussion spricht man wahrscheinlich nicht von »neurotypischen« oder »nichtautistischen« Menschen. Wir – oder viele – Autisten tun dies, um besser abgrenzen zu können.

Wenn ich daran zurückdenke, wie meine Familie die Diagnose aufgenommen hat, so habe ich sehr gelassene Personen vor Augen. Ich bin ja mit der Diagnose kein anderer Mensch geworden. Es ist nur inzwischen einfacher, bestimmte Verhaltensweisen richtig einzuordnen, und es wird schneller akzeptiert, wenn ich kurzfristig an geplanten Aktivitäten nicht teilnehme, auch wenn ich sie eigentlich liebe. Die Kraft reicht einfach nicht immer dafür aus, und das versteht meine Familie. Beispielsweise gehe ich sehr gerne mit meinem Mann ins Kino und manchmal muss ich doch noch kurz vor der Vorstellung absagen. Wenn wir doch gehen, sitze ich immer am gleichen Platz. Ganz hinten, der erste Platz an der Tür, damit ich notfalls das Kino schnell verlassen kann. Das ist schon zweimal geschehen: Meinem Mann zuliebe schaute ich mir mit ihm zusammen *Godzilla* an, bei dem die Töne plötzlich so laut wurden, dass ich die Geräusche nicht mehr ertragen konnte. Und bei *Slumdog Millionär* tat mir die Folterszene so körperlich weh, dass ich es nicht mehr aushielt und mein Mann mich nach draußen begleitete. Bei *Slumdog Millionär* versuchte ich es jedoch ein zweites Mal, nachdem mir mein Mann, der sich erkundigt hatte, versicherte, dass die Folterszene nur eine kurze Sequenz sei. So hielt ich mir beim zweiten Mal bei der entsprechenden Szene die Augen zu und war hinterher sehr stolz auf mich, dass ich es doch noch geschafft hatte, den Film zu sehen. Das war aber meine eigene Entscheidung und ich wurde nicht dazu gedrängt. Ich brauche mich seit der Diagnose nicht mehr über meine Grenzen hinweg zusammenzureißen. Es wird akzeptiert, dass ich manchmal – je nachdem wie gestresst ich schon bin – sogar in geschlossenen Räumen eine Sonnenbrille trage oder gar nicht ans Telefon gehe, wenn ich die Nummer nicht kenne. Anonyme Nummern kommen bei uns gar nicht durch – sie sind gesperrt.

Meine Kinder haben mit einer autistischen Mutter natürlich auch viele Einschränkungen. Sie akzeptieren, dass ich bei Terminen außerhalb des Hauses Unterstützung benötige, damit ich anschließend auch Dinge machen kann, die ich sonst nicht könnte, beispielsweise Vorträge halten. Es ist eine große Erleichterung für mich, einfach hinter einer Person herzutrotten und mich nicht orientieren zu müssen – dafür ginge viel zu viel Energie drauf. Eine Begleitperson gibt mir sehr viel Sicherheit. Es ist natürlich befremdlich, wenn eine Mutter das braucht, was eigentlich Kinder brauchen. Dazu kommt, dass ich fremde Menschen in der Wohnung nur schwer ertrage und noch nie gut ertragen habe – das gilt auch für die unberechenbaren Freunde meiner Kinder. Mir ist nicht ganz klar, was von mir dann als Mutter erwartet wird, und wie bei so vielen Sachen hätte ich gerne einen genauen Plan, den ich abarbeiten könnte. Anschließend müsste es aber auch vorbei sein mit dem Termin. Doch das lässt sich bei Besuchen natürlich nie so genau planen und diese Unsicherheit ist für mich schwer auszuhalten. Außerdem ist meine Wohnung der einzig sichere Rückzugsort, den ich habe, und so muss ich mich auf solche »Events«, wie Besuche von Freunden der Kinder, sehr gut vorbereiten.

Genauso ist es mit Ausflügen. Auch diese strengen mich so an, dass mein Mann, der gerne unterwegs ist, oft etwas mit den Kindern ohne mich unternimmt. Meistens ertrage ich nicht einmal mehr die Kaugeräusche der Kinder und es wird akzeptiert, wenn ich für mich allein esse. Die Kraft, die ich vor vielleicht zehn Jahren noch hatte, ist nicht mehr da, und dies führte letztes Jahr zu einem weiteren Arzt, einem Gutachter, der feststellen sollte, ob ich noch erwerbsfähig bin. Das bin ich nicht, aber er stellte nebenbei noch etwas fest. Etwas, was mir zu diesem Zeitpunkt wie ein Hohn vorkam und nur nebenbei erwähnt wurde: Ich bin hochbegabt. Manchmal ist es bitter, wenn ich darüber nachdenke, denn ich weiß: Ich bin weit unter meinen Möglichkeiten geblieben.

WAS IST EIGENTLICH LIEBE?

LILLY

Mein Name ist Lilly und ich bin 17 Jahre alt. Ich bin das zweit-jüngste Kind in unserer Familie. Die Frage, wie ich meine Kindheit erlebe, lässt sich für mich eigentlich sehr leicht beantworten: als schön. Als ich klein war, war mir lange Zeit nicht bewusst, dass meine Mama anders ist als die Mütter der anderen Kinder. Ich kann nicht genau den Moment festmachen, in dem mir dies klar wurde, denn sie ist nun mal meine Mutter und ich hatte keine Vergleiche.

Woran ich mich immer erinnern werde, ist die Struktur, die es in unserem Alltag gab. Jeder Tag hatte ein Muster. Als ich noch in die Grundschule ging, wurde ich morgens von Mama ge-weckt, danach gab es Frühstück, anschließend wurde ich frisiert. Wenn ich heute Bilder von früher sehe, vermisse ich es sehr und würde die Zeit gern noch einmal erleben, in der meine Mama mir die Haare macht. Nach dem Frisieren ging es ans Zähneputzen und anschließend folgte die U-Bahn-Fahrt mit Mama zu meiner Schule. Die Strecke war nicht nur weit und ein Umweg für meine Mama, da sie zu diesem Zeitpunkt selbst in die Schule musste, weil sie gerade ihr Abitur nachmachte. Zusätzlich war die Fahrt eigentlich auch nicht notwendig, da sich meine Schule in Nürnberg befand und ich stattdessen auch die Grundschule meiner Geschwister hätte besuchen können; die lag nur fünf Minuten von unserem Zuhause entfernt. Aber ich ging in Nürnberg auf die Grundschule, denn meine Eltern wollten das Beste für mich. Wenn das hieß, jeden Morgen einen Umweg auf sich zu nehmen, damit ich bei meinen Freunden aus dem speziellen Kindergarten für begabte Kinder in Nürnberg bleiben konnte und zusätzliche Förderung erhielt, dann nahmen meine Eltern diesen Umweg gern auf sich. Damals war mir das so noch gar nicht bewusst, aber heute bin ich sehr dankbar für diese Chance. Auch weil ich so schon im jungen Alter mehr Selbstständigkeit erlernte, da ich ab der vierten Klasse den Weg allein meistern durfte – mit einem Klapphandy für Notfälle bewaffnet. Allein das Vertrauen meiner Eltern in mich und darin, dass ich das schaffen würde, hat mich unglaublich stolz gemacht. Und wenn ich doch einmal aus Versehen falsch ausstieg, waren sie nur einen Knopfdruck entfernt, um mich zu beruhigen.

Damals war immer die gleiche Struktur durch meine Eltern und vor allem durch meine Mama vorgegeben, und das hat es mir unglaublich einfach gemacht. Auch jetzt noch, wenn ich von der Schule nach Hause komme, weiß ich, dass das Mittagessen bereits fertig ist und sich Mama danach anhören wird, wie meine Klausuren oder Referate waren oder was so mit meinen Freunden passiert ist. Darauf freue ich mich immer, denn egal, was ich ihr erzähle oder worum es geht, sie hört es sich an, gibt mir Ratschläge, freut sich mit mir oder tröstet mich, auch wenn ich zum tausendsten Mal die gleiche Geschichte erzähle. Doch es sind nicht nur die allgemeinen tröstenden Sätze, die mir wichtig sind, sondern Mama hat immer auch Ideen, wie es besser werden könnte. Wenn man ihr Probleme erzählt, wird immer nach einer rationalen Lösung gesucht und teilweise können ihre Antworten auch wehtun, denn nicht immer sind sie sensibel ausgesucht, sondern einfach der Wahrheit entsprechend gewählt. An manchen Tagen wünsche ich mir daher, dass sie mich einfach nur in den Arm nehmen und mir sagen würde, dass alles wieder gut wird. Doch an solchen Tagen weiß ich auch, dass ich mich an meinen Papa wenden kann. In jedem anderen Fall bin ich sehr dankbar, dass meine Mama immer ein offenes Ohr hat.

Manchmal ist sie aber auch ungefragt zu ehrlich. Wenn ich zum Beispiel etwas anziehe, das ihr gar nicht gefällt, dann macht sie keine Anstalten, dies auch nur ein kleines bisschen zu verbergen.

Woran ich abgesehen von ihrer sehr rationalen Art noch gemerkt habe, dass meine Familie anders ist, war in Bezug auf meine Freunde. In der Grundschule besuchte ich vermehrt meine Freunde. Sie kamen nie zu mir. Lange dachte ich, dass es daran läge, dass ich weiter weg wohnte, aber später wurde mir klar, dass meine Mama den Besuch einfach nicht ertrug. Ich gehe sehr oft spontan zu Freunden und meistens fragen diese ihre Eltern noch nicht einmal, ob das in Ordnung ist. Hier dagegen wird es immer schon lange im Voraus geplant. Selbst dann dürfen meine Freunde auch nur kommen, wenn meine Mama sich sicher ist, dass sie das an diesem Tag verkraftet. Doch auch wenn ich irgendwann merkte, dass das anders als in anderen Familien ist, hat es mich selten gestört. Man lernt, sich zu arrangieren, und dann fahre ich einfach meine Freunde besuchen. Mittlerweile sind Mama und Papa auch öfter unterwegs, sodass ich einfacher mal jemanden mit nach Hause bringen darf, aber früher neuen Freunden zu erklären, warum sie mich nicht einmal kurz besuchen können, war doch immer mal wieder unangenehm.

Auch kannte ich es nicht, dass man jeden Tag als Familie gemeinsam isst. Als es mir dann aber bewusst wurde, stand für mich einfach fest, dass wir das so halt nicht machen. Selten sind wir alle zeitgleich da und oft bin ich auch froh, wenn ich beim Essen meine Ruhe habe. Mit meinen Eltern und meinen Geschwistern sitze ich meistens einfach am Abend zusammen und wir tauschen uns über den gesamten Tag aus.

Was für mich manchmal schwierig gewesen ist, war, wenn ich Aufführungen von der Schule aus hatte und meine Mama selten kam oder wir die meisten Ausflüge mit meinem Papa machten. Doch auch hier verstand ich Mama. Früher ging sie manchmal gemeinsam mit uns beispielsweise in den Freizeitpark, aber das Erlebnis war dann öfter davon geprägt, dass man ihr den Stress anmerkte. Sie wird dann immer ganz ruhig, ihre Hände sind eiskalt und auf ihrer Haut bilden sich rote Flecken. Oft knetet sie dann auch ihre Hände und wird leicht reizbar. Manchmal ist sie danach auch so fertig, dass sie sich stundenlang ins Schlafzimmer zurückzieht und ich sie erst am nächsten Tag wiedersehe. So war es mir irgendwann lieber, Mama im Nachhinein alles genau schildern zu können und so Zeit mit ihr zu verbringen, als sie diesem Stress auszusetzen.

Manchmal war bei uns die Mutter-Tochter-Konstellation andersherum. Wenn weder Papa noch Miri Zeit hatten, Mama beispielsweise zu ihrem Arzt zu begleiten, dann tat ich das, auch wenn das bedeutete, sie an die Hand zu nehmen und herauszufinden, welchen Weg wir am besten nehmen. Das erste Mal, als ich das tat, war ich 15 Jahre alt. Anfangs war das für mich schwierig, da auch ich unsicher war. Aber irgendwann bekamen wir hier eine eigene Routine und ich genoss es, mich auf diese Weise um meine Mama kümmern und Zeit mit ihr verbringen zu können. Natürlich weiß ich, dass das in anderen Familien anders ist. Aber es hat auch einen positiven Aspekt: Es hat mich selbstbewusster werden lassen. Außerdem ist es schön zu merken, welch Vertrauen Mama in mich hat.

In schwierigen Momenten, in denen mein Papa nicht da ist, zögert Mama nie auch nur eine Sekunde, um für uns da zu sein. Einmal musste Miri ins Krankenhaus und Mama fackelte nicht lange und ging mit ihr sofort in die Klinik, obwohl das Licht und all der Lärm sie belasten.

Menschen, die erfahren, dass meine Mama Autistin ist, fragen mich oft, ob sie denn überhaupt ihre Liebe für mich ausdrücken kann, und um ehrlich zu sein, verstehe ich die Frage nicht. Muss man denn jeden Tag »Ich hab dich lieb« gesagt bekommen? Mama sorgt hingebungsvoll für uns, indem sie beispielsweise immer für uns kocht, obwohl das viel Arbeit ist, denn meine Schwestern und ich brauchen wegen der Zöliakie eine spezielle Diät. Für mich bedeutet all das Interesse, das Mama an meinem Leben und an noch so kleinen Problemen von mir hat, dass sie mich liebt. Wenn mir wirklich danach ist und ich mit einem »Ich brauche eine Umarmung« eine körperliche Zärtlichkeit von

Mama einfordern muss, dann ist sie auch dazu bereit. Für mich. Weil sie mich liebt. Ich weiß, dass Mama immer für uns einstehen würde. Meine Mama ist für mich die stärkste Person, die ich kenne, und zwar nicht, obwohl sie nie Schwäche zeigt und uns nicht sehen lässt, dass es ihr manchmal schlecht geht oder sie Abstand braucht, sondern gerade deswegen. Weil sie uns nicht nur Struktur und Sicherheit gegeben hat und das nötige Vertrauen, dass wir alles auch allein schaffen können, sondern auch, weil sie uns beigebracht hat, dass es okay ist, wenn es uns mal schlecht geht. Auch die stärksten Menschen können manchmal nicht mehr, müssen Pause machen und kommen anschließend wieder raus aus ihrem Schneckenhaus. Meine Mama kümmert sich schon unser Leben lang um uns. Ich habe nicht ein einziges Mal das Gefühl gehabt, dass ich vernachlässigt werde oder Mama ihre Liebe nicht klar mir gegenüber ausdrücken kann, denn das konnte sie, seit ich denken kann. Immer. Meine Mama ist eine gute Mutter, da es nicht einen Tag in meinem Leben an Liebe zu mir und Vertrauen in mich gemangelt hat und ich in all ihren Handlungen immer Bestätigung finde. Sie muss mir nicht sagen, dass sie mich liebt, denn sie zeigt es mir in jedem Moment, den ich mit ihr zusammen bin.

BIRKE

Die Worte meiner Tochter über ihre Kindheit und über mich als Mutter rühren mich sehr. Ich weiß, dass ich keine »perfekte Mutter« bin. Als ich zum ersten Mal Mutter wurde, war mir gar nicht bewusst, was es bedeutet, überhaupt Mutter zu sein. Alles, was ich wusste, war, dass ich nie so erziehen möchte, wie ich erzogen wurde: lieblos, herzlos, achtlos. Als Kind lebte ich ständig mit der Angst, geschlagen zu werden. Mit einem Satz: Meine eigene Kindheit war überhaupt nicht an meinen Bedürfnissen orientiert. Ich wollte es anders machen. Diese Überzeugung allein reicht jedoch nicht, ein Kind großzuziehen, wie ich schnell feststellen musste.

Im Mutter-Kind-Heim lernte ich ein paar grundlegende Dinge, die ich mir noch nicht angelesen hatte, beispielsweise über die richtige Schlafumgebung für das Kind. Legt man das Baby mit Bettdecke in das Bettchen oder ohne? Legt man es auf den Bauch? Den Rücken? Auf die Seite? Kommt ein Nestchen mit ins Bett oder nicht? Zwar hatte ich mir schon in der Schwangerschaft Ratgeber besorgt und sie auch alle gelesen. Trotzdem ist es etwas anderes, wenn man das Baby, das auch noch ein Frühchen mit einigen Komplikationen ist, tatsächlich zu versorgen hat.

Zunächst waren mir die Essenszeiten sehr wichtig, die ich strikt einhielt, allein um selbst für mich eine Routine zu haben. Allerdings merkte ich, dass ein Baby nicht wie ein Uhrwerk funktioniert, und das überforderte mich zunächst sehr. Leider konnte ich nirgendwo genau ablesen, was der kleine Mensch jetzt konkret brauchte. Doch ich denke, das geht wohl den meisten Menschen so, wenn sie zum ersten Mal Mutter oder Vater werden.

Wenn ich in meinem Leben mit etwas Glück gehabt habe, so ist es meine körperliche Konstitution. Ich werde nur sehr selten krank und ich kann mich erinnern, dass ich das allererste Mal in meinem Leben richtig körperlich erschöpft war, als ich mit Miriam hochschwanger war und zwei kleine Jungs zu versorgen hatte. Vorher brachte mich so gut wie nichts aus der Ruhe und so war ich zumindest selten müde, wenn ich dann doch stundenlang mit dem Baby hin- und hermarschierte, weil es nicht einschlafen wollte.

Als ich mit meinem ersten Kind im Mutter-Kind-Heim wohnte, fiel mir irgendwann ein Flyer von der Erziehungshilfe in die Hand. Ich machte einen Termin aus und konnte mir dort zusätzlich regelmäßig Ratschläge holen, denn ich spürte, dass es mir guttat, mit einer erfahrenen Mutter zu sprechen. Meine Mutter war zu dieser Zeit genauso wenig für mich da, wie sie es war, als ich sie als Kind gebraucht hätte.

Doch mit jeder Schwangerschaft las ich mehr Ratgeber und lernte ich mehr dazu. Gleichzeitig wurde ich mit jedem meiner Kinder auch in neue Situationen geworfen, war gezwungen, neue Ärzte und Therapeuten aufzusuchen, was sehr an meinen Kräften zehrte. Für Jonas war das sicherlich von Vorteil. Denn ich habe ihn schon meinetwegen selten in Situationen gebracht, die ihn aufwühlten, da solche Situationen eben von außen schon genug kamen. Ich konnte oft nachvollziehen, was ihn bewegte. Bei den Hausaufgaben zum Beispiel: Er war immer sehr perfektionistisch, und wenn etwas nicht sofort klappte, flippte er aus, schrie und schlug sich mit der Faust auf die Stirn, riss sich die Haare aus oder zerbrach seine Brille, Stifte und so manches Lineal. Ich verstand ihn gut und brach dann die Hausaufgaben ab, bis er sich wieder beruhigt hatte. Dafür durfte er, was in den Augen mancher sicherlich nicht pädagogisch wertvoll klingt, mit seinem Gameboy spielen. Aber dieser ist für ihn eine Art »Skill«, also eine Möglichkeit, sich zu entspannen. Da dies auf jeden Fall besser ist, als sich wehzutun oder Sachen zu zerbrechen, durfte er eine Weile spielen. Anschließend ging es dann meistens problemlos weiter.

Sorgen machte ich mir wegen meiner anderen Kinder. Ich wollte nicht, dass sie so werden wie ich. Konkret: Ich wollte nicht, dass sie von der Gemeinschaft ausgeschlossen werden und kaum Freunde haben. Als ich diese Gedanken zum ersten Mal hatte, war mir noch nicht bewusst, was mit mir los war, aber ich überlegte, wie ich diesem Problem wohl entgegentreten könnte. Da ich als Kind viel im Haus eingesperrt war, dachte ich daran, dass vielleicht das Gegenteil helfen würde, und so gab ich die Kinder nach der Schule in den Hort und auch in verschiedene Kurse, damit sie unter andere Kinder kamen und Kontakte knüpften. Zufrieden beobachtete ich, wie sich vor allem Miriam und Lilly problemlos in die Gruppen einfügten. Innerlich bewunderte ich sie sogar dafür. Wie machten sie das? Nach Hause durften sie allerdings nur selten Kinder mitbringen, denn auch wenn ich meine Kinder liebte, so galt und gilt das nicht unbedingt für fremde Kinder. Diese waren für mich noch unberechenbarer als meine eigenen und stressten mich sehr. Die einzige Ausnahme gab es an den Geburtstagen: Meine Kinder durften andere Kinder einladen. Glücklicherweise kann mein Mann Rolf wirklich gut mit Kindern umgehen und er übernahm die Bespaßung. Er tobte mit ihnen durch die Wohnung, ließ sie auf sich reiten, spielte mit ihnen Verstecken und hatte augenscheinlich genauso viel Spaß dabei wie die Kinder. Überhaupt ist er der Grund, weshalb die Kinder trotz meiner Einschränkungen überwiegend nicht zu kurz kamen: Rolf und ich haben uns immer sehr ergänzt, und wenn einer von uns an seine Grenzen kam, sprang der andere automatisch ein.

Was immer eine große Schwierigkeit für mich war und wahrscheinlich für immer eine große Herausforderung bleiben wird, ist die Dynamik in unseren Beziehungen. Es ist ja nicht nur so, dass sich jedes Kind anders entwickelt – nein, es steht auch noch in der Beziehung zu seinen Geschwistern, die sich auch ständig entwickeln. So kommt mir unser Familiengefüge wie ein Gebilde vor, welches ständig in Bewegung ist und nicht eine Sekunde stillsteht. Das macht mir an manchen Tagen sehr zu schaffen, denn Veränderung ist etwas, was mir wie vielen anderen Autisten nicht sehr behagt. Trotzdem war und ist mir bewusst, dass ICH mein Verhalten an die Entwicklung der Kinder anpassen muss. Ständig heißt es für mich, eine »Feinjustierung« am Gebilde zu unternehmen. Die Beispiele sind unzählig. Zu Beginn des Lebens macht ein Baby noch nicht viel außer schreien, schlafen und in die Windel und die Bedürfnisse sind noch relativ durchschaubar und zu erfüllen. Doch schnell krabbelt es und entfernt sich von allein, es isst auf einmal selbstständig, fängt an zu sprechen. Später stellt sich die Frage, wann das Kind allein das Haus verlassen kann, wann es Taschengeld bekommt, wann dieses wieder erhöht wird, wann es dies oder jenes selbst entscheiden kann. Dazu kommt, dass meine Kinder – oder Kinder überhaupt – sehr unterschiedlich sind und sich nicht miteinander vergleichen lassen. So konnte ich bestimmte Dinge von einem Kind bis zu einem gewissen Alter erwarten und vom anderen nicht. Bei Miriam etwa kontrollierte ich in der gesamten Grundschulzeit nicht einmal die Hausaufgaben – sie machte diese schon immer in der Schule. Bei Lilly tat ich das ebenfalls nicht, allerdings mit der Konsequenz, dass diese zweimal wegen nicht gemachter Hausaufgaben nachsitzen musste. Das waren beispielsweise Punkte, bei denen ich überlegte, ob ich bei ihr anders handeln sollte, doch nach Absprache mit Rolf blieben wir bei der Devise: Hausaufgaben liegen in der Verantwortung der Kinder.

Schwierig war auch die Entscheidung, wie wir mit unseren verschiedenen Essern umgehen sollen. Jonas hatte mal gehört, dass man »groß und stark« wird, wenn man immer große Portionen aufisst. Das hatte er wörtlich genommen und bestand nun immer auf einer großen Portion. Aber war das richtig? Hatte er wirklich immer so großen Hunger? Musste ich da eingreifen, denn immerhin war er eine Zeit lang wirklich sehr kräftig? Bei Angelina, der Jüngsten, war es hingegen so, dass sie erst mit einem Jahr zum ersten Mal feste Nahrung zu sich nehmen konnte, was an ihrer Dyspraxie lag. Dies ist eine Störung in der Planung der Sprechmotorik und äußert sich auch mit Schwierigkeiten bei der Nahrungsaufnahme. Sie entdeckte »richtiges« Essen nur zufällig, als die großen Schwestern Erdnussflips aßen und Angelina versehentlich einen Flip in den Mund steckte und dieser darin schmolz – und sie vor Verlangen nach mehr Erdnussflips schmolz. Nun sind Erdnussflips natürlich nichts, was ich einem einjährigen Kind geben würde, aber in diesem Fall waren wir alle so begeistert, dass sie weiter ganz bewusst Erdnussflips essen durfte, bis sie zum Glück schnell auf noch festere Nahrung umstieg.

Jonas hingegen würgte bei Kartoffelbrei und nicht nur da. Bestimmte Konsistenzen erträgt er nicht und lange gab es auch Probleme beim Zähneputzen: Er würgte ständig. Es gab eine Situation beim Kieferorthopäden, als er eine Spange angepasst bekommen sollte. Dies geschah zum selben Zeitpunkt wie bei Miriam und die Kinder nahmen ihre Termine beim Arzt zusammen wahr und waren damit auch zeitgleich im Behandlungsraum. Daher erfuhr ich im Detail, was sich da abspielte. Bei Miriam klappte wie immer alles einwandfrei. Ohne zu murren, ließ sie sich die Abdrücke machen, doch bei Jonas sah es ganz anders aus: Er würgte und spuckte. Miriam hörte, wie die eine Arzthelferin zur anderen sagte: »Was glaubt ihr, wie viel er diesmal in den Spuckeimer spotzt?« Anschließend gab es ein Gespräch mit dem Arzt und für Jonas keine feste, sondern nur eine lockere Spange. Bei Lilly und Angelina gab es glücklicherweise ebenfalls keine Probleme mit der Spange.

Ein großes Thema ist noch immer die Selbstständigkeit. Miriam und Lilly konnte ich schon sehr früh allein zu Hause lassen und auch allein in die Schule oder zu Freunden schicken. Die beiden Mädchen sind sehr zuverlässig und selbstbewusst. Ganz anders ist es da bei Jonas und Angelina. Die Kleine braucht noch ganz viel Sicherheit durch ihren Papa und hat ihn am liebsten gerne überall dabei, auch jetzt noch mit ihren schon 15 Jahren. Daher begleitet er sie zu ihren Therapien, die leider immer noch notwendig sind. Jonas ist auf gewohnten Wegen selbstständig, aber benötigt Hilfe, wenn es unbekannte Wege sind.

Letztendlich gab es natürlich auch bei Miriam Situationen, bei denen es mir mulmig zumute war und die ich gerne einige Zeit verzögert hätte. Eine Situation war das Abitur. Selbstverständlich habe ich mich sehr darüber gefreut, dass sie es bestanden hat, aber ebenso wurde für mich deutlich, dass nun eine große Veränderung anstand: Das Mädchen wird erwachsen, die Schulzeit ist nun vorbei. Natürlich weiß ich, dass es nicht nur mir, sondern vielen anderen Müttern ebenfalls so geht. Es ist nicht leicht, die Kinder loslassen zu müssen, aber für mich sind sie weit mehr als nur meine Kinder. Jahrelang habe ich mich vollkommen auf sie eingestellt und im Gegenzug haben sie mich auf ihre Weise Stück für Stück in ihre Welt genommen und sie mir erklärt. So vieles durfte ich erleben, was ich sonst nie erlebt hätte. Durch meine Kinder hatte ich den nötigen Abstand, mit dem ich diese Erlebnisse gut verarbeiten konnte. Jetzt gilt es für mich, wieder ihre Bedürfnisse zu erfüllen, die nun Stück für Stück in der Ablösung von mir liegen.

Als Miriam ihren Führerschein machte, war es für sie ein großer Erfolg, sie freute sich sehr. Sie hatte sich nun ein weiteres Stückchen Unabhängigkeit erobert, ist einen weiteren Schritt in die Selbstständigkeit gegangen. Für mich bedeutete es eine Zerrissenheit zwischen Freude und Trauer, und als sie das erste Mal allein mit dem Auto fuhr, war es anders als an dem Tag, an dem sie das erste Mal lief. Damals war die Freude groß, doch diesmal wurde mir bewusst, dass jetzt unabwendbar eine Veränderung auf mich zukommt, mit der ich meine Kinder nicht belasten darf. Glücklicherweise bin ich mir aber sicher, dass sie mich auch als erwachsene Menschen anders sehen werden, als ich meine Mutter sehe. Ich werde auch noch später für meine Kinder da sein dürfen. Nur werden ihre Bedürfnisse dann wieder andere sein und ich werde nie aufhören dürfen, mich darauf einzustellen. Wenn ich mich diesbezüglich doch mal voll Sorge an Rolf wende, meint er, dass es überhaupt keinen Grund gibt, um traurig zu sein. Irgendwann werden wir Enkelkinder haben, die wir ab und an betreuen dürfen. Das wird völlig entspannt sein, denn wir werden nicht mehr die volle Verantwortung für diese kleinen Menschen haben. Das ist für mich ein schöner Ausblick und irgendwie freue ich mich schon jetzt darauf.

MEIN ALLTAG VOLLER FALLSTRICKE

Kein Tag ist wie der andere und selbst mit der besten Planung können unvorhergesehene Ereignisse über mich hereinbrechen. Daher habe ich für jeden Tag einen Plan A plus einen Plan B und C. Das kann man sich wie ein Schachspiel vorstellen: Verschiedene Züge können verschiedene Reaktionen hervorrufen und soweit es geht, plane ich mehrere Züge im Voraus. Das sieht zumeist erstmal so aus, dass ich so gut wie nie mehr als einen Termin am Tag wahrnehme, am besten sogar nur einen oder zwei in der Woche. Auf diese Termine stimme ich mich schon Tage vorher ein, denn jeder Termin bedeutet: Mein Alltag wird durchbrochen und meine Routine zerstört. Diese Routine ist aber sehr wichtig für mich, denn sie bedeutet Sicherheit. Ein einzelner Anruf kann den ganzen Tag ruinieren, denn er bringt eine ganze Reihe unangenehmer Komponenten mit sich. Zunächst ist es das Eindringen in meine Privatsphäre.

Normalerweise kommt niemand einfach so in meine Wohnung, aber ein Telefon überwindet diese Barriere mühelos. Nun, in meinem Fall geschieht dies nicht ganz mühelos, denn in mein Telefon sind ein paar Hürden einprogrammiert: Ein Anruf mit unterdrückter Nummer kommt gar nicht erst durch, ebenso wird jeder Anrufer automatisch abgeblockt, der nach 21 Uhr anzurufen versucht. Außerdem gibt es ein paar Nummern, die gesperrt sind. Gelingt es einem Anrufer, diese Hürden zu überwinden, hat er aber immer noch nicht automatisch mich am Apparat. Wenn mein Mann da ist, geht er ans Telefon, und wenn er nicht da ist und es mir nicht gut geht oder ich keine Kraft mehr für einen Anruf habe, wird dieser von mir ganz ignoriert. Was für mich ganz furchtbar ist, ist, wenn es einen Telefontermin gibt, der sogar mit mir vereinbart wurde, und der Anrufer ist nicht pünktlich. So, wie ich bei Terminen nie unpünktlich bin – solange es in meiner Macht steht, und ich baue so gut wie immer Pufferzeit für Unvorhergesehenes ein –, so bin ich das bei Telefonaten auch nicht. Ich sitze bereits einige Minuten vor dem Termin vorm Telefon und beobachte die Uhr, um ja nicht unpünktlich anzurufen oder zur vereinbarten Zeit unvorbereitet ans Telefon gehen zu müssen. Wenn mich jemand also zu einem verabredeten Zeitpunkt anrufen möchte, sind ein paar Minuten Verspätung für mich wie eine Ewigkeit; ich kann in der Wartezeit nichts anderes machen, als auf das Telefon zu starren. Schließlich sind auch die Telefongespräche an sich für mich die Steigerung von persönlichen Gesprächen. Es fällt mir schwer, dem anderen Teilnehmer nicht dazwischenzureden, auf der anderen Seite sind Pausen aber auch schwer auszuhalten. Am schwierigsten ist für mich immer die Frage: Wie beende ich das Gespräch? Einfach auflegen geht nicht und zuvor sind noch verschiedene Dinge abzuhandeln – einfach »Tschüss« sagen kann man schließlich nicht, ohne unhöflich zu wirken. Kurz: Ich hasse es zu telefonieren.

Etwas anderes ist es, wenn ich mit Personen telefoniere, die ich gut kenne und mit denen ich schon mehrmals telefoniert habe. Dann kenne ich ihren Gesprächsstil, und wenn ich doch mal dazwischenplappere, ist mir der andere nicht böse. Meine größte Sorge ist wie überall im Alltag: etwas falsch zu machen. Mir ist es auch schon passiert, dass ich so unsicher war, dass meine Stimme ganz dünn wurde. Am anderen Ende war ein Elektriker (oh Schreck!), der mit mir einen Termin (Doppelschreck!) ausmachen wollte. Ich antwortete ihm so piepsig, dass er fragte: »Ist deine Mutter auch da?« Das brachte mich aus dem Konzept, denn meine Mutter war natürlich nicht da, und empört und nun mit kräftiger Stimme rief ich: »Ich BIN die Mutter!«

Apropos Elektriker: Es gibt Besuche, die lassen sich einfach nicht vermeiden. Vor einiger Zeit hatten wir die Situation, dass in unserer Wohnung Rauchmelder angebracht werden sollten. Es wurde allerdings nur der Tag und ein Zeitraum von mehreren Stunden angekündigt. Dass ich allein irgendwelche fremden Menschen in die Wohnung lassen würde, ist undenkbar, und so war klar, dass noch jemand da sein musste. Weil mich schon der Gedanke an diesen Termin erstarren ließ, kam nur mein Mann in Frage. Gut, dass er bei solchen Dingen immer sehr gelassen ist – er macht sich überhaupt keine Gedanken darüber, Techniker in die Wohnung zu lassen. Für mich ist so etwas dennoch purer Stress. Der Vermieter hatte den Termin zwar schon Wochen vorher angekündigt und man könnte glauben, dass es für Autisten gut ist, wenn sie schon Wochen vorher von einem Termin wissen und sich somit rechtzeitig damit auseinandersetzen können. Aber das stimmt nicht immer. In diesem Fall sorgte die Ankündigung dafür, dass ich wochenlang Zeit hatte, um mich hineinzusteigern. Am Tag X war ich völlig aufgelöst. Verschlimmert wurde die Situation für mich noch, weil die Elektriker schon Stunden vorher im Haus zu hören waren, denn um die Rauchmelder anzubringen, mussten sie in die Decken bohren. Sie fingen im Erdgeschoss an und bohrten sich Stockwerk um Stockwerk höher und wurden lauter und lauter. Als sie endlich bei uns im 5. Stock ankamen, war ich nicht mehr ansprechbar. Glücklicherweise war inzwischen auch Miriam eingetroffen und sie nahm mich kurzerhand an die Hand und mit in ihr Zimmer. Als ein Elektriker dort den Rauchmelder anbrachte, sprach sie ganz ruhig zu mir, als würden wir ein Gespräch führen, und so merkte es mir der Elektriker nicht an, dass ich gar nicht zu einem inter-aktiven Gespräch fähig war. Sobald die Techniker – es waren gleich mehrere – unsere Wohnung verlassen hatten, fiel die Anspannung ein wenig von mir ab und es ging mir etwas besser.

Stress wie dieser hat auf meinen Alltag immer Nach-wirkungen, weil ich noch einige Zeit brauche, um Situatio-nen wie diese zu verarbeiten. Diesmal hatte ich Glück und schon am nächsten Tag ging es mir wieder gut. Das ist nach solchen Ereignissen nicht immer der Fall, und auch das muss ich in meine Planungen einbauen: Es besteht durchaus die Möglichkeit, dass mich Termine so sehr erschöpfen, dass ich bis zu zwei Tage kaum ansprechbar bin, nicht die Wohnung und manchmal auch nicht das Schlafzimmer verlassen kann. Die Reizüberflutung ist so immens, dass ich absolute Ruhe benötige. Manchen Terminen beuge ich daher mit Tavor vor, einem Beruhigungsmittel. Da dies aber kein Allheilmittel ist und vor allem süchtig macht, bin ich damit vorsichtig. Wenn ich aber zu Ärzten gehe, ist es leider nicht zu vermeiden. Zu oft habe ich erlebt, dass ich dort mutistisch werde, also unfähig zu sprechen, vor allem, wenn man mich »mal schnell« untersuchen möchte. Die Ärzte bitten in der Regel darum, den entsprechenden Körperteil freizumachen und fassen mich ohne Vorwarnung an. Sie denken sich wahrscheinlich nicht mal etwas dabei, dass sie damit bei mir eine Grenze überschreiten. Einfacher wäre es, wenn sie mir vorher ruhig und vor allem geduldig und freundlich erklären würden, was sie jetzt machen. Mein Mann ist in solchen Situationen immer dabei, und selbst wenn er sagt: »Meine Frau ist Autistin, bitte nehmen Sie darauf Rücksicht«, erntet er häufig nur einen verständnislosen Blick. Wenn man dann auch noch sieht, wie erstarrt und sprachlos ich bin, wird nicht selten von einer geistig behinderten Frau ausgegangen. Eine Ärztin sprach mich in diesem Zustand mal ganz laut an und fragte betont langsam: »Sprechen Sie Deutsch?« Ich habe zu viele unangenehme Situationen bei Ärzten erleben müssen, doch ich weiß, dass ich da einfach nur durchmuss, und mit der Zeit habe ich herausgefunden, dass es eben nur mit Tavor geht, vor allem, wenn ich tatsächlich Schmerzen habe.

Auch bei Schmerzen habe ich so viele schlimme Erfahrungen machen müssen: Man nimmt mich einfach nicht ernst. Anscheinend kann ich nicht richtig ausdrücken, wie schlimm es für mich ist. Bei meiner ersten Gallenkolik waren die Schmerzen so schlimm, dass ich dachte, sterben zu müssen. Ich bat Rolf darum, einen Notarzt zu holen – etwas, was ich nie machen würde, würde nur die geringste Chance bestehen, es weiter aushalten zu können. Die Ärztin, die kam, belächelte mich nur und meinte: »Haben Sie wohl was Falsches gegessen? Wahrscheinlich nur eine Magen-Darm-Infektion! Na gut, wenn Sie unbedingt darauf bestehen, weise ich Sie ins Krankenhaus ein.« Dort wurden dann Gallensteine festgestellt und zwei Wochen später wurde mir die Gallenblase entfernt.

Nie zu wissen, wann ich wieder krank werden könnte und mich damit weiteren Ärzten ausliefern muss, macht mir Angst. Zumindest habe ich eine liebe Hausärztin, die immer sehr vorsichtig ist. Ich kann mir aber auch vorstellen, dass sie mich für geistig eingeschränkt hält, denn bei ihr erstarre ich auch und lasse Rolf reden. Nur meine Psychiaterin kennt mich besser – sie fasst mich aber auch nicht an. Sie selbst gibt niemandem die Hand und begründet es durch die vielen Infektionen, mit denen man in einer Praxis in Berührung kommt. Zumindest in der Winterzeit ist das eine geschickte Aussage, wenn man nicht erklären möchte, weshalb man nicht die Hand gibt. Ihr kann ich mich öffnen, da sie sich viel Zeit nimmt und vor allem sehr respektvoll ist und womöglich schon mehrmals solche Patienten wie mich hatte. Sie hat es geschafft, die Sprachbarriere zu durchbrechen und bei ihr kann ich einigermaßen sorglos meine Gedanken und Gefühle äußern.

Unvorhergesehene Ereignisse im Alltag kommen manchmal auch ganz harmlos daher, beispielsweise in Form eines Eies, das ich unbedingt benötige, weil ich mitten dabei bin, einen Kuchen zu backen. Blöd, wenn dann niemand außer mir in der Wohnung ist. In der Regel hat Rolf kein Problem damit, wenn ich ihn zum Supermarkt schicke – manchmal habe ich sogar den Verdacht, er ist ganz gerne an der frischen Luft. Er betont zwar immer, dass es nur an seinem Diabetes liegt und er sich viel bewegen muss, aber er scheint auch gerne mal die Wohnung zu verlassen. Mit dem Alleinsein habe ich kein Problem, zumal ich ihn jederzeit über sein Handy erreichen kann. Inzwischen haben wir ein weiteres Hilfsmittel, das mir Sicherheit gibt: Man kann am Handy seinen Standort einer weiteren Person weiterleiten. Das macht Rolf, wenn er unterwegs ist, und so weiß ich immer, wo er ist. Rolf weiß, dass dies absolut nicht der Kontrolle dient, sondern wirklich darin begründet ist, mir Sicherheit zu vermitteln.

Vor Kurzem kam es tatsächlich zu einer Situation, bei der ich sah, dass Rolf weiter weg war und ich ihn panisch bat, sofort nach Hause zu kommen. Was war geschehen? Es hatte geklingelt, was ich jedoch nicht gehört hatte, weil ich gerade im Bad war. Jonas aber hatte es gehört und hatte die Tür geöffnet. Ihm zufolge standen dort zwei Techniker eines Telefonanbieters und baten um Einlass – dies wäre so abgemacht. Arglos ließ Jonas sie in die Wohnung und sie inspizierten … ja, was eigentlich? Als ich es erfuhr, waren die

Herrschaften glücklicherweise schon wieder aus der Wohnung. Trotzdem raste mein Herz. Ich hatte schon so viele Schauergeschichten diesbezüglich gehört, dass ich mich und Jonas in Gefahr wähnte und Rolf anrief. Dieser war ziemlich sauer, denn er hatte keinen Termin vereinbart, und als er im Haus zufällig auf diese »Mitarbeiter« stieß, sprach er sie darauf an und ließ seinem Ärger Luft. Von diesen Männern sollten wir also nicht mehr belästigt werden.

Es gibt so viele unvorhergesehene Ereignisse, die meinen Alltag beeinträchtigen. Rolf ist mir da wahrlich eine große Stütze, da er so etwas immer abfängt. Daher ist es umso entsetzlicher für mich, wenn Rolf ausfällt. Einmal musste er ins Krankenhaus, als sein Diabetes – von dem er zu diesem Zeitpunkt gar nichts wusste – völlig entgleiste. Ihm ging es sehr schlecht, was ich selbst nur an seiner Gereiztheit bemerkte, die sonst gar nicht seine Art ist. Ich vermute, er wollte gar nicht in die Klinik, weil er sich um mich sorgte. Trotzdem schafften Miriam und ich es, ihn dort hinzubringen. Glücklicherweise ist die Klinik nur eine Straße weiter und wir konnten hinlaufen. Rolf musste ein paar Tage dort bleiben, was meinen Alltag völlig durcheinanderbrachte, da der Ablauf sich veränderte. Dazu benötigte Rolf auch noch Dinge im Krankenhaus, die ich ihm bringen sollte. Das tat ich auch, war damit aber wiederum auf Miriam angewiesen, die mich dorthin begleitete. Dieses Gefühl der Abhängigkeit ist nicht angenehm und ich bin froh, dass meine Familie es mir leicht zu machen versucht, indem sie wie selbstverständlich für mich da ist.

In solchen Situationen erledigen meine Kinder auch die Lebensmitteleinkäufe. Da wir aber mit sechs Personen im

Haushalt relativ viele Lebensmittel benötigen, habe ich auch schon verschiedene Lieferdienste ausprobiert. Allerdings weiß man hier nie, ob man die Lebensmittel, die man bestellt hat, auch tatsächlich erhält. So gut wie immer ist ein Nahrungsmittel ausverkauft oder durch etwas ersetzt worden, was vielleicht der Händler als gleichwertig empfindet, aber nicht ich. Von daher versuche ich es mindestens einmal im Monat, mit zum Einkaufen zu fahren. Doch das funktioniert nicht immer reibungslos. Wenn auch nur ein Detail in meinem strukturierten Ablauf nicht stimmig ist, kann es problematisch werden. Einmal war beispielsweise meine Notfallflasche mit Wasser nicht mehr im Auto und ich war sehr durstig. Ich versuchte ruhig zu bleiben, doch beim Betreten des Geschäfts konnte ich das Licht nicht mehr ausblenden, die vielen Farben verursachten eine Überflutung und die Geräusche verschwammen ineinander. Als auch noch ein Mitarbeiter mit einem Wagen an mir vorbeiwollte, merkte ich, dass ich ganz knapp vor einem Zusammenbruch war. Rolf sah es auch. Er rannte zum Kühlregal, schnappte sich das erstbeste Getränk und brachte es mir. Gierig begann ich zu trinken und sah ihn dankbar an, als ich die leere Flasche absetzte. Seine Geste, die mir zeigte, dass er alles in seiner Macht Stehende versucht, mir zu helfen, mir dazu keine Vorwürfe macht und ich zumindest eine meiner Nöte mit dem Getränk lindern konnte, ließ die Welt um mich wieder klarer wirken und ich konnte einigermaßen ruhig, aber zügig den Einkauf beenden. An dieser Situation wird deutlich, wie ein Außenstehender, im besten Fall ein Angehöriger eine Lage erheblich entschärfen kann. Hätte Rolf mir nicht geholfen, wäre ich mit großer

Wahrscheinlichkeit auf dem Boden zusammengebrochen und nicht mehr ansprechbar gewesen. Rolf hätte es nicht mehr allein geschafft, mich aus dem Geschäft zu bringen. Was dies für einen Aufruhr verursacht hätte, mag ich mir gar nicht vorstellen.

Es sind so viele Kleinigkeiten, die hilfreich sein, aber auch Auslöser für größte Not bei einem Autisten werden können. Neulich musste ich in einem Gasthaus übernachten, weil ich bei einer Veranstaltung als Referentin geladen war. Es ging um ein Fest der Lebenshilfe zum 50-jährigen Bestehen in Miesbach und ich durfte einen Fachbeitrag aus meiner Sicht als autistische Frau und Mutter halten. Rolf begleitet mich meist zu solchen Terminen – wenn er nicht kann, übernimmt es Miriam –, und diesmal war ich ihm dafür unendlich dankbar. Essen gab es in dem Gasthaus nämlich nur in einem lichtdurchfluteten Gastraum, voll mit lärmenden Menschen und mit Musikkrach beschallt. Ich hatte Hunger, doch diesen Ort konnte ich nicht betreten. Ich sah mich schon in Tränen ausbrechen, aber auch da erfasste Rolf schnell die Situation und fragte den Wirt, ob er denn einen ruhigen Nebenraum hätte. Glücklicherweise konnte er uns helfen und der Raum, in den er uns führte, war sogar relativ dunkel. Das war Balsam für meine gestresste Seele und bald saß ich glücklich vor meinem Essen. Zu der Veranstaltung in Miesbach war noch ein weiterer autistischer Referent geladen, dem ich inzwischen schon mehrfach begegnet bin und mit dem ich mich gut verstehe. Dieser aß dann mit uns in diesem Nebenraum zu Abend und mir wurde wieder deutlich, dass ich mich durchaus mit ande-

ren Menschen verstehe und mich auch wohl unter ihnen fühlen kann – wenn die Kommunikation passt. Diese und ähnliche Situationen machen mir deutlich, wie unterschiedlich
meine Wahrnehmung im Gegensatz zu der Wahrnehmung
anderer Menschen zu sein scheint. Andererseits gilt das
wohl auch umgekehrt, denn wenn ich zum Beispiel ein Lied
stundenlang in Dauerschleife zu hören vermag und mich das
sogar sehr beruhigt, scheint das andere Menschen zu quälen.
Nicht nur für solche Fälle habe ich meine Kopfhörer, um
dann mit gutem Gewissen meine Lieder hören zu können.
Die Kopfhörer trage ich auch oft außerhalb der Wohnung,
um mich im Notfall abschirmen zu können und so wenig wie
möglich an Reizen ertragen zu müssen. Allerdings möchte
ich es vermeiden zu verallgemeinern – es mag auch Autisten
geben, die solche Probleme nicht haben.

Es gibt so viele soziale Regeln und in jedem Situations-
kontext ist unklar, welche Regel gilt und welche nicht. Das
ist für mich schwer zu durchschauen. Ich weiß inzwischen,
dass mir eine Sonnenbrille und Kopfhörer helfen, und trotzdem ziehe ich sie immer noch nur dann an, wenn ich es
wirklich nicht mehr aushalte. Warum? Weil ich immer noch
Angst habe, negativ aufzufallen. Diese Ängste werden zusätzlich geschürt, wenn man mir erzählt, dass es für neurotypische Menschen so wichtig ist, in einem Gespräch die
Augen zu sehen. Für mich hat solch ein Blickkontakt nicht
die gleiche Bedeutung wie für neurotypische Menschen,
es kommt sogar einer besonderen Anstrengung gleich und
daher gelingt es mir nicht immer. Wenn man einem Menschen in die Augen blickt, bindet das viel Aufmerksamkeit,

denn sie bewegen sich ständig. Nicht nur das Auge an sich, sondern auch die Pupille. Außerdem gibt es Regeln, wie lange Menschen sich in verschiedenen Situationen ansehen. Dieses geschieht bei Nichtautisten intuitiv, aber ich muss mich darauf konzentrieren, nicht zu lange oder zu kurz zu schauen. Außerdem lese ich selten Informationen daraus, es sei denn, ich kenne einen Menschen sehr gut. Dann fällt mir aber auch jede Abweichung vom Verhalten auf. Das löst in mir einen innerlichen Alarm aus und ich überlege, worauf diese Abweichung mich hinweist. Ist es eine Lüge? Ist der Mensch gerade gestresst? Wie gesagt, das funktioniert nur bei Menschen, deren Verhalten ich über längere Zeit habe analysieren können, denn alle Menschen folgen bestimmten, ihnen eigenen Mustern – und darüber kann ich sie nach längerer Zeit ansatzweise »lesen«. Andererseits sehe ich so viele neurotypische Menschen, die ihre Sonnenbrille ganz selbstverständlich als modisches Accessoire verstehen. Ähnliches gilt für Dinge, die Autisten beruhigen und die erst dann gesellschaftlich anerkannt sind, wenn sie auch von neurotypischen Menschen genutzt werden, wie der Fidget Spinner zum Beispiel.

Nicht selten hört man als Autist: »Mir geht es ganz genauso.« Oder: »Das kennen wir doch alle.« Das hat mir sogar mal ein Therapeut gesagt, als ich ihm erzählte, wie schwierig es für mich ist, beispielsweise Volksfeste zu besuchen. »Ich mag dieses Getümmel auch nicht und kann meine Zeit mit anderen Dingen besser verbringen«, erklärte er. Dabei geht es mir nicht nur um den Lärm oder die Gerüche, nein, es geht mir in diesem Zusammenhang besonders um die Menschenmassen. Genauso wie an Bahnhöfen bewegen sich Menschen auf großen Plätzen völlig unkoordiniert und damit vollkommen unberechenbar. Das ist einer der Gründe, weshalb ich froh bin, dass mich mein Mann auf Reisen, aber auch sonst begleitet. Ich brauche einfach nur hinter ihm herlaufen. Das kostet mich viel weniger Energie, als wenn ich mir selbst einen Weg suchen müsste. Da kommt nämlich noch meine Orientierungslosigkeit ins Spiel. Über fremde Orte informiere ich mich so gut es geht, bevor ich sie aufsuche. Wenn möglich, lasse ich mir von Räumen, in denen ich einen Vortrag halten möchte, Bilder schicken. So kann ich mich schon mal auf die Begebenheiten einstellen. Manchmal sind es große Fenster, die stören und ablenken und durch die die Sonne fällt. Manche Veranstalter lassen sich darauf ein, diese abzudunkeln. Die ganzen Vorbereitungen dienen dazu, zu verhindern, dass ich entweder überreizt werde und/oder keine Energie mehr habe. Denn nur durch die Begleitung und damit Unterstützung gelingt es mir, Dinge zu tun, die ich sonst nicht tun könnte, zum Beispiel Vorträge zu halten. Wenn mein Mann und ich nicht mit dem Zug unterwegs sein können, fahren wir mit dem Auto. Dies bedeutet aber noch viel mehr Stress für mich, besonders auf der Autobahn. Kürzlich erst hat uns ein Auto so geschnitten, dass Rolf einen Unfall nur durch das Herumreißen des Lenkrades verhindern konnte. Solchen Erfahrungen ist es zu verdanken, dass ich beim Autofahren sogar als Beifahrerin immer hochkonzentriert bin, was natürlich viel Energie kostet. Für mich sind die anderen Autofahrer völlig unberechenbar; ich rechne ständig damit, dass jemand einen Fehler macht. Das kostet mich viel Kraft und von daher fahre ich lange Strecken lieber mit dem Zug, wobei man sich da auch nie zu sicher fühlen darf – mit ihm kommt man möglicherweise zu spät zum Termin, was mir tatsächlich auch schon passiert ist und was mir sehr unangenehm war, obwohl ich dafür nichts konnte. Früher bin ich noch selbst Auto gefahren, aber das mache ich schon lange nicht mehr – die Kraft reicht einfach nicht mehr aus, alles hochkonzentriert zu beobachten und gleichzeitig zu handeln. Als ich das letzte Mal Auto fuhr, hatte sich in unserer Straße die Ampelführung geändert und ich war nicht darauf vorbereitet. Ich war so überrascht, als auf einmal ein Fußgänger die Kreuzung überquerte, dass ich ihn sicher überfahren hätte, wenn nicht Rolf, der neben mir saß, laut »Stopp!« gerufen hätte. Danach war für mich klar, dass ich nicht mehr fahrtüchtig bin.

Um überhaupt ins Auto oder zum Zug zu kommen, muss ich das Haus verlassen, und das gestaltet sich für mich auch nicht einfach. Wie schön wäre es, wenn ich einfach die Tür öffnen und hinausspazieren könnte! Aber nein, ich muss erstmal mehrmals den Ofen kontrollieren, ob er tatsächlich aus ist. Inzwischen habe ich einen Trick, mit dem ich mich überlisten kann: Ich mache mit dem Handy ein Foto von den Schaltern. Bis jetzt hilft das ein wenig. Solche Zwänge sind nun nicht typisch autistisch, sondern eher unter Komorbiditäten, also Begleiterkrankungen, einzuordnen. Aber diese Erkenntnis macht es für mich natürlich nicht besser. So kontrolliere ich mehrfach Elektrogeräte, muss mehrmals zur Toilette, weil ich ständig einen Druck verspüre, und habe stets

Angst, etwas Wichtiges vergessen zu haben – meine Handtasche wird daher ebenfalls mehrere Male kontrolliert. Diese ist übrigens für alle möglichen Eventualitäten ausgerüstet: Taschentücher, Pflaster, Desinfektionsmittel, Brillenputztuch, Notfallmedikamente, Fusselbürste, Getränk, Hustenbonbons, Lippenstift, Traubenzucker für Rolf, Handwärmer, manchmal Kühlakkus, Feuchttücher, Binden, Schirm, Kugelschreiber, um nur ein paar wenige Dinge zu nennen. Eigentlich müsste ich fast einen Koffer mit mir führen. Wenn ich es durch die Wohnungstür geschafft habe, heißt das aber noch lange nicht, dass ich es auch bis zur Haustür schaffe. Dazwischen liegen noch ein Flur und ein Aufzug. Wir haben einen Hausmeisterdienst, der für die Reinigung zuständig ist, und manchmal benutzt er so einen penetranten Reinigungsduft, dass ich schon an der Wohnungstür weiß, dass ich es niemals bis zum Ausgang schaffe. Luft anhalten funktioniert über fünf Stockwerke hinweg nicht und so gebe ich an guten Tagen quietschende hohe Töne von mir – das ist meine Art, den Stress abzubauen. Das mache ich aber nur, wenn ich mit Rolf allein bin, denn vor anderen Menschen ist es mir peinlich und dann drehe ich um und laufe zurück in meine sichere Wohnung. In solchen Fällen ist natürlich auch meine Maskerade umsonst, die ebenfalls einige Zeit in Anspruch genommen hat. Wenn ich in meiner Wohnung bin, trage ich Kleidung, in der ich mich wohlfühle, und geschminkt bin ich auch nicht. Da ich früher draußen wegen meiner Kleidung allerdings mehrfach gehänselt worden bin, achte ich darauf, dass mir das nicht mehr passiert, und gehe stets geschminkt aus dem Haus. Im Grunde ist das inzwischen ein Ritual für mich und auch eine Art Schutz – eine Maske. Gleiches gilt für die Kleidung. Sobald ich wieder zu Hause bin, ziehe ich mich also erneut um und verwandele mich in die Birke, die ich eigentlich bin.

WESHALB URLAUB KEIN SPAZIERGANG IST

Viele Jahre war das Thema Verreisen bei uns kein Thema. Zum einen scheiterte es am Geld und außerdem verursachte allein der Gedanke daran bei mir viel Stress. Mit fünf Kindern, in einer fremden Umgebung und überhaupt die ganze Reise zu organisieren erschien mir wie der blanke Horror. Dann aber kollidierte mein Unbehagen mit meinem unbedingten Willen, das Abitur nachzumachen, denn ein Fach bereitete mir besondere Schwierigkeiten: Englisch. Eigentlich beherrschte ich damals, als ich das erste Mal die Berufsoberschule betrat, so gut wie gar kein Englisch mehr. Das, was ich einst auf der Realschule gelernt hatte, war weg. Schlechte Voraussetzung für das Abitur, welches eine mündliche und eine schriftliche Prüfung in Englisch verlangte. Durch die zwölfte Klasse schaffte ich es noch, mich mehr oder weniger gut durchzuhangeln, aber meine Leistungen waren im schlechten Bereich. Zwar hatte ich mir schon das ganze Schuljahr hindurch Serien auf Englisch angesehen – was über die Jahre hinweg mittlerweile für mich selbstverständlich geworden ist. Ich KANN Filme inzwischen kaum noch in der Übersetzung sehen, weil einfach zu viel bei der Übersetzung verloren geht – aber damals reichte das einfach nicht. Das Angebot der Schule – ein Aufenthalt in England über zehn Tage hinweg – erschien mir rein rational betrachtet also eine gute Gelegenheit, mein Englisch aufzubessern. Auch Rolf war dafür, und nachdem er für die Zeit meiner Reise auch Urlaub bekam, stand es fest: Ich würde mit einem Reisebus und ungefähr 40 Mitschülern, die alle um die 20 Jahre alt waren, und zwei Lehrerinnen nach England reisen und dort bei einer Gastfamilie wohnen. Wir Schüler durften uns die Gastfamilie nicht aussuchen. Das taten die Familien in England und so landete ich mit zwei Mitschülern bei einer älteren Dame, die uns in einem kleinen Zimmer unterbrachte, in denen unsere drei Betten gerade so Platz fanden. Bevor wir losfuhren, brachte mich Rolf mit allen Kindern zum Bus. Manche Mitschüler erfuhren erst dort, dass ich Mutter bin, und staunten über die Kinderschar, die dem Bus hinterherwinkte. Die Fahrt war sehr anstrengend, aber ich hielt mich tapfer. Die Mitschüler akzeptierten, dass ich mich eher zurückhielt, denn ich war ja wesentlich älter als sie. Vom Alter hätte ich zu den mitfahrenden Lehrerinnen gepasst, aber auch zu diesen hielt ich Abstand. Die Kommunikation wäre mir zu kompliziert gewesen. Meine beiden Zimmergenossinnen waren glücklicherweise ganz aufgeschlossene junge Frauen, die kein Problem damit hatten, mich nach dem täglichen Pflichtprogramm wieder zurück in das Zimmer zu bringen. Ich schreibe ausdrücklich Zimmer, weil es mir auch zu viel war, mit der älteren Dame zu sprechen. Ich war einfach zu erschöpft und froh, ein paar Stunden meine Ruhe zu haben, während die beiden jungen Frauen das Nachtleben erkundeten.

Jeden Tag gab uns die ältere Dame eine Lunchbox mit. Als sie dies das erste Mal tat, war ich erschrocken, als ich den Inhalt sah. Auf dem Weg nach England hatte ich mir ein Getränk in einer Plastikflasche gekauft und diese dann in den Mülleimer der älteren Dame geworfen. Nun, jetzt hatte ich sie wieder vor mir, die Flasche, aufgefüllt mit Leitungswasser, das mir überhaupt nicht schmeckte. Ab diesem Moment versuchte ich bei jeder Gelegenheit, mir meinen Getränkevorrat aufzufüllen, was mir auch gelang.

Wir hatten Sprachkurse, die tatsächlich sehr interessant waren. Zudem machten wir Ausflüge, wobei ich froh war, dass das Wetter für mich gut war, also nicht sonnig und warm, was ich überhaupt nicht gut ertrage. Einmal bummelten wir durch die Straßen und ich entdeckte einen Laden, der hübsche kleine Figuren hatte. Diese waren wohl für Modelllandschaften gedacht. Ich fragte, auf eine Figur zeigend: »Can I take this?«, weil ich sie gerne kaufen wollte. Da stürmte die Verkäuferin auf mich zu, beschimpfte mich auf Englisch und ich verstand kein Wort und wusste auch nicht, was auf einmal los war. Eine Mitschülerin flüsterte mir zu: »Ich erkläre dir das draußen.«

»Was war denn da los?«, fragte ich fassungslos und die Mitschülerin antwortete: »Sie dachte wohl, du möchtest die Figur einfach mitnehmen.« Oh … das hatte ich nicht beabsichtigt. Mein Englisch war also immer noch nicht gut genug.

Am letzten Tag ging es nach London, und das war für mich die Reizüberflutung pur. Nur – damals konnte ich das noch nicht richtig bezeichnen und wusste nicht, weshalb ich auf einmal so erschöpft war. Wieder hatte ich Glück mit meinen Mitschülern, die das sehr wohl mitbekamen. Auf einmal stand ich vor meiner Rettung: einem großen Kino. Es sollte sogar in wenigen Minuten der Film *Nanny McPhee 2* laufen, ein Kinderfilm, dem ich sogar folgen konnte. Der Vorführraum war sehr groß und mit mir waren höchstens zehn weitere Personen, Mütter mit ihren Kindern, im Raum. Als es darin dunkel wurde, schloss ich erleichtert die Augen. Als der Film zu Ende war, warteten bereits meine Mitschüler vor dem Kino und geleiteten mich zum Bus, der schon abfahrbereit dastand. Ich fand es schön, dass das damals so selbstverständlich für meine Mitschüler war. Sie merkten zwar, dass ich Probleme hatte, aber es wurde nicht thematisiert; sie halfen mir einfach. Das war eine ausgesprochen gute Erfahrung. Trotzdem war ich sehr froh, als es endlich nach Hause ging.

Als der Bus in Nürnberg hielt, war Rolf schon mit den Kindern da und ich war sehr glücklich, sie wieder alle bei mir zu haben. Rolf war – wie nicht anders erwartet – mit den Kindern wieder prima zurechtgekommen. Vermutlich hatte sich zu diesem Zeitpunkt mein Englisch nicht gravierend verbessert, aber eine Erfahrung war es immerhin und ich hatte das gute Gefühl, wenigstens alles versucht zu haben.

Dann gab es einige Jahre keine Reisen mehr, immer noch aus den gleichen Gründen: kein Geld und die Angst vor dem Ungewohnten und der nicht vorhandenen Kraft, die Reise zu organisieren. Trotzdem sprach es Rolf hin und wieder an, schließlich waren wir nie zusammen in den Urlaub geflogen, ganz zu schweigen von Flitterwochen. Nachdem die Kinder älter und selbstständiger wurden und noch eine entscheidende Tatsache dazu kam, stimmte ich doch einem Auslandsurlaub zu. Die entscheidende Tatsache sind die Krankheiten von Rolf, denn zu der Multiplen Sklerose gesellten sich nach und nach weitere (Autoimmun-)Krankheiten wie Hashimoto, Psoriasis, Diabetes und das Fatigue-Syndrom. Rolf sagte, er wolle gerne mit mir verreisen, bevor er es nicht mehr könne, und so stimmte ich einer Reise in die Türkei zu. Nachdem die Betreuung für Jonas und Lilly – die damals 15 und 19 Jahre alt waren – durch Bekannte sichergestellt war, flogen wir mit Angelina und Miriam in die Türkei. Angelina wollten wir nicht erlauben, zu Hause zu bleiben, weil sie mit ihren gerade erst zwölf Jahren noch die meiste Betreuung brauchte. Miriam baten wir mitzukommen, weil sie Rolf bei der Betreuung von mir und Angelina unterstützen konnte. Das war zeitweise auch dringend nötig, wie sich zeigen sollte, denn schon die Anreise war sehr abenteuerlich. Nun ist es so, dass das Fliegen an sich für mich nicht schlimm ist – im Gegenteil, ich finde es sehr faszinierend und bin jedes Mal beeindruckt von der Kraft der Motoren, die besonders zu spüren sind, kurz bevor das Flugzeug abhebt. Nur das Prozedere, um überhaupt in das Flugzeug zu kommen, ist für mich furchtbar. Rolf recherchierte daher alles ganz genau, um für mich den Ablauf am Flughafen so transparent wie möglich zu machen. Dabei stieß er auf die Hilfe in Form einer Assistenz, die man buchen kann und die mindestens 48 Stunden vor dem Flug beantragt werden muss. Diese Assistenz können Menschen mit einem Schwerbehindertenausweis erhalten, wobei gesondert auf blinde, taube und gehbehinderte beziehungsweise Menschen im Rollstuhl hingewiesen wird. Nun wird man sich vielleicht fragen, weshalb ich diese Hilfe benötigte, da ich doch Rolf bei mir hatte. Ganz einfach: Die Assistenz kennt die Abläufe und Wege im Flughafen genau und gibt mir damit Sicherheit. Außerdem kommt man so schneller an den langen Schlangen vorbei, die für mich jedes Mal viel Stress bedeuten. Allerdings gibt es keine speziellen Hilfen für Autisten und dies sorgte für einige unangenehme Konsequenzen für mich. Rolf entschied sich für die Assistenz inklusive Rollstuhl, weil er dachte, dass dies so am nächsten an meinen Hilfebedarf herankommt. Wie gewünscht, wenn man eine Assistenz beantragt hat, waren wir zwei Stunden vor Abflug am Nürnberger Flughafen. Wir waren die ersten Fluggäste am Schalter unserer Airline und die Dame am Check-in war sehr freundlich und informierte die Assistenz telefonisch über unser Eintreffen. Kurze Zeit später erschien die Assistenz in Form eines jungen Mannes, der einen Rollstuhl mit sich führte. Freundlich sprach er mich an, aber ich war bereits überfordert und zeigte auf meinen Mann, der sofort die Kommunikation übernahm. Er erklärte kurz die Situation, die der Assistent auch gar nicht seltsam fand. Er stellte den Rollstuhl an die Seite und führte uns als Erstes zur Passkontrolle. Den ganzen Weg dorthin plauderte er mit meinem Mann und ich hatte kein ungutes Gefühl: Es war, als wäre es völlig selbstverständlich, dass uns eine Assistenz begleitete.

Die Passkontrolle stellt für mich in der Regel kein Problem dar, aber ganz schlimm ist es bei der Taschen- und Körperkontrolle. Ich habe Angst vor dem »Piepsen«, denn das anschließende Abtasten setzt mich großem Stress aus. Dazu kommt die Angst, dass ich so seltsam wirke, dass man irgendwann auf die Idee kommt, sich nicht nur mit einer oberflächlichen Körperkontrolle zufriedenzugeben. »Ich habe Angst«, brachte ich also vor der Kontrolle hervor, aber die Assistenz beruhigte mich. »Die Kollegen kenne ich schon über zehn Jahre, da haben Sie nichts zu befürchten.« Das nahm mir tatsächlich etwas von der Anspannung und so ertrug ich auch das Abtasten. Ich war nicht allein – ein »Fachmann« war bei mir.

Als wir dann im Sicherheitsbereich waren, verabredeten wir mit der Assistenz, uns 20 Minuten vor Abflug abzuholen. In der Zwischenzeit frühstückten wir. Rolf und ich ein belegtes Brötchen, Miriam und Angelina aßen glutenfrei: einen Joghurt mit Früchten. Ein großer Fehler, wie sich später herausstellen sollte.

Die Assistenz erschien pünktlich und wir durften als Erste das Flugzeug besteigen. Unser erstes Ziel sollte der Flughafen Berlin-Tegel sein. Ich weiß nicht, ob es unter den Piloten auch Raser gibt, aber wenn ja, dann hatten wir so einen. Dazu kamen etliche Luftlöcher, die das Flugzeug absacken und den Joghurt bei Angelina wieder nach oben kommen ließen. Es dauerte nicht lange, da hatte sie alle unsere Spucktüten aufgebraucht und von allen Seiten sprangen Passagiere herbei, um ihr ihre eigenen zu reichen. Leider nicht immer rechtzeitig. Sie spuckte den ganzen Sitz vor sich voll. Den

Flughafen in Berlin erreichten wir zwar vor der geplanten Ankunftszeit, doch es wurde trotzdem spannend, denn wir hatten nur 40 Minuten zum Umsteigen. Diese knappe Zeit verkürzte sich minütlich, denn es kam kein Bus, um die Passagiere abzuholen, und so durfte niemand das Flugzeug verlassen. Nur unser Assistenzfahrzeug konnte ich schon aus dem Flugzeugfenster sehen, aber wir hatten die Anweisung zu warten, bis alle Passagiere ausgestiegen wären, um dann als letzte zu unserem Fahrzeug zu gehen. Die Minuten vergingen und schließlich teilte ein genervter Pilot mit, dass er keinen Kontakt zum Flughafen habe und dies überhaupt nicht verstehen könne. Später erfuhren wir, dass der Flughafen Schwierigkeiten mit seiner Telefon- und Internetverbindung hatte. Erleichternd aufseufzend entdeckte ich schließlich den Bus für die Passagiere und die Flugzeugtüren öffneten sich. Ich konnte nicht mehr warten, bis alle Passagiere ausgestiegen waren, sondern stürmte aufgelöst zum Assistenzfahrzeug. Schnell entschuldigte sich Rolf noch bei den Stewardessen für den besudelten Sitz. Angeekelt schauten sie uns hinterher. Zu diesem Zeitpunkt blieben uns nur noch 15 Minuten. Kaum hatten wir das Assistenzfahrzeug erreicht, brach ich auch schon in Tränen aus. Immer und immer wieder sagte ich: »Unser Flugzeug fliegt gleich. Unser Flugzeug fliegt gleich …« Wahrscheinlich hätte niemand zu diesem Zeitpunkt an meiner Diagnose Autismus gezweifelt. Verzweifelt wippte ich nach vorne und zurück. Glück hatten wir trotzdem, denn die Assistenz war diesmal eine taffe, junge, sehr kleine und zarte Frau, die uns aber souverän über verschiedene Schleichwege wieder durch die Pass- und Körperkontrolle schleuste. Sie wusste, dass wir nur noch wenig Zeit hatten, blieb aber ruhig und gelassen, was mir wiederum half, die Situation zu meistern. Dennoch hatte ich auch dieses Mal Angst davor zu piepsen. Und ich piepste, obwohl ich meines Erachtens metallfrei war. Die Assistenz erklärte mir, dass es nicht nur piepst, wenn man ein bestimmtes Metall am Körper trägt, sondern auch nach dem Zufallsprinzip. Das wusste ich noch nicht.

Nach der Kontrolle mussten wir wieder in das Assistenzfahrzeug steigen und es brauste mit uns zum Flugzeug. Der Bus mit den anderen Passagieren wartete schon, aber sie mussten warten, bis wir das Flugzeug betreten hatten. Mit uns waren noch zwei Schwerbehinderte im Assistenzfahrzeug, die Schwierigkeiten mit dem Laufen hatten und von daher auf einen Rollstuhl angewiesen waren. Dass man Hilfe benötigt, wird eher akzeptiert, wenn man eine sichtbare Einschränkung hat. Jedenfalls schaute uns die Stewardess, die schon an der Tür des Flugzeugs wartete, entgeistert an, als ich – kaum waren die Türen des Assistenzfahrzeugs offen – leichtfüßig und offensichtlich ohne jegliche Einschränkung – aus dem Auto rannte, auf das Flugzeug zu und die Treppen nach oben sprintete. Plötzlich fiel mir ein, nach meinen Töchtern zu sehen, aber Rolf, der hinter mir herhechtete, scherzte: »Alles gut, das ist unsere Chance, sie loszuwerden.« Das brachte die Stewardess zum Lachen. Unsere Kinder rannten auch schon hinter uns her die Treppe hinauf. Da Rolf mit 1,90 Meter sehr groß ist, hatten wir extra Plätze mit mehr Beinfreiheit gebucht, die aber trotzdem noch sehr knapp für ihn waren. Das war aber vorerst nicht unser dringlichstes Problem, denn auf einmal standen Passagiere vor uns, die behaupteten, dies wären ihre Plätze. Wir verglichen die Tickets und tatsächlich: Die Plätze waren doppelt vergeben. Zum Glück saß ich schon, sonst wäre ich zum zweiten Mal an diesem Tag in Tränen ausgebrochen. Eine Stewardess eilte herbei und klärte die Situation. Das Flugzeug war ausgetauscht worden und deshalb gab es Probleme mit der Platzreservierung.

Dann ging es aber endlich los und schließlich erreichten wir den Flughafen in Antalya. Ich staunte und verglich ihn innerlich mit dem Flughafen in Berlin. Ja, man kann sicherlich sagen, dass der Flughafen in Antalya besser abschneidet. Das galt aber nicht für die Assistenz. Die beiden körperlich behinderten Passagiere wurden mit dem Rollstuhl abgeholt und uns ließ man einfach stehen. Die Rollstühle waren elektrisch und die Assistenz konnte aufsteigen. So rasten sie davon und uns blieb nichts anderes übrig, als hinterherzurennen. Diesmal blieb mir immerhin die Körperkontrolle erspart und wir fanden auch ohne Hilfe unsere Koffer. Trotzdem war ich kaum noch ansprechbar und Rolf wollte mich so schnell wie möglich in eine ruhige Umgebung bringen, idealerweise in unser Hotelzimmer. Er wollte schon ein Taxi zum Hotel rufen, als wir auf unseren Reiseveranstalter trafen, der uns den Bus zeigte, der uns ins Hotel bringen sollte. Er schrieb die Abfahrtszeit auf einen Zettel und sagte todernst: »Morgen.« Kurz bevor ich zum dritten Mal an diesem Tag in Tränen auszubrechen drohte, lachte er, tätschelte meine Schulter (etwas, was man bei einem Autisten vermeiden sollte) und rief von sich begeistert aus: »Spaß!«

Immerhin erreichten wir ohne weitere Zwischenfälle unser Hotel. An sich war es sehr hübsch, aber ein wenig in die Jahre gekommen. Trotzdem war die Aufteilung unseres Zimmers sehr schön, denn genau genommen hatten wir dadurch, dass ein weiteres Schlafzimmer durch eine Tür abgetrennt war, sogar zwei Zimmer und beide hatten ein eigenes Badezimmer.

Das erste Abendessen nahmen wir in dem großen Hotelrestaurant ein und die Speisen konnte man sich an mehreren Büfetts selbst holen. Am ersten Abend war es dort noch angenehm, weil das Hotel relativ leer war, doch das änderte sich im Verlauf der Woche und am Ende war es so voll, dass ich es dort vor Enge und Lärm kaum noch ertrug.

In der Nähe des Hotels befand sich ein Badestrand, für den Ähnliches galt: Zu Beginn unseres Urlaubs war er noch relativ leer, füllte sich aber schnell und so war ich gar nicht traurig, als die Tage viel zu schnell vorbei waren und wir nach nur einer Woche wieder die Heimreise antreten sollten. In der Urlaubswoche hatten wir kaum mehr getan, als zu schlafen, zu essen und im Meer zu schwimmen. Vor der Abreise stellte Rolf fest, dass ihm das Meer und die Luft sehr guttaten, und wir beschlossen, wenn möglich, so eine Reise zu wiederholen. Gut, dass wir darüber vor der Heimreise gesprochen haben, sonst wäre ich sicherlich nicht so optimistisch gewesen.

Im Grunde wurden wir pünktlich mit einem Bus abgeholt, denn ich nahm an, dass es an anderen Flughäfen auch die Regel gibt, dass man, wenn man eine Assistenz beantragt hat, zwei Stunden vor Abflug auf dem Flughafen zu erscheinen hat. Der Bus jedoch fuhr einige weitere Hotels an und die Urlauber brauchten ihre Zeit, um einzusteigen. Ich wurde immer nervöser. Als der Bus endlich den Flughafen erreichte, waren es nur noch eineinhalb Stunden bis zum Abflug. »Bleib ruhig«, flüsterte ich mir selbst immer wieder zu, denn ich wollte ausgerechnet in der Türkei nicht am Flughafen auffällig werden.

Am Flughafen gab es schon am Eingang eine Körper- und Taschenkontrolle und diesmal piepste ich nicht und wiegte mich schon in Sicherheit. Anschließend ging es zum Einchecken. Oh Schreck, da stand schon eine lange Schlange vor dem Schalter. Mühsam unterdrückte ich meine immer deutlicher aufkeimende Unruhe. Als wir endlich den Schalter erreichten, saß dort ein gelangweilter, desinteressierter Mitarbeiter, der die Ruhe weghatte und von der gebuchten Assistenz nichts wusste. Also keine Assistenz für mich. Da bekam ich mit, dass eine augenscheinlich blinde Frau von einer Assistenz abgeholt wurde.

Uns blieb allerdings nichts anderes übrig, als uns allein an die nächste Schlange der Passkontrolle zu begeben, die wir glücklicherweise anstandslos durchliefen. Doch dann: Vor uns erschien die nächste Körper- und Taschenkontrolle. Rolf und die Mädchen gingen voran, ich trabte hinterher. Meine Familie kam ohne Probleme durch – und ich? Ich piepste. Mitleidig schauten Rolf und die Mädchen aus einiger Distanz zu mir und Rolf formte lautlos mit den Lippen: »Halte durch!« Ich nahm meine letzte Kraft zusammen und hielt durch.

Beim Boarding stellte ich mich vorne an die Schlange und zeigte meinen Schwerbehindertenausweis. Man ließ mich anstandslos durch und als Erste einsteigen. Erleichtert ließ ich mich in meinen Sitz fallen und schloss für einen Moment die Augen. Irgendwann fiel uns auf, dass wir keine Bordkarten für das Flugzeug hatten, das uns von Berlin nach Nürnberg bringen sollte, und wie schon auf dem Hinflug hatten wir nur wenig Zeit zum Umsteigen.

Wir saßen schräg hinter der vermeintlich blinden Frau, die wir schon am Flughafen gesehen hatten. Irritiert nahm ich zur Kenntnis, dass sie nun während des Flugs ihrer Tochter Zöpfe flocht und sich ihre Urlaubsbilder auf dem Handy ansah. Diesmal kamen wir nicht pünktlich in Berlin an und mussten wieder im Flugzeug warten, bis wir vom Assistenzfahrzeug abgeholt wurden. Die blinde Frau war nun auch wieder völlig auf fremde Hilfe angewiesen. Ich registrierte es lediglich, konnte mir aber »keinen Reim darauf machen« und war ohnehin viel zu sehr mit mir beschäftigt. Ich fühlte mich kurz vor einem Nervenzusammenbruch, nachdem einer der Assistenten meinte, dass es fast unmöglich sei, das Flugzeug noch zu erreichen. »Das ist aber nicht schlimm, beruhigen Sie sich. Man wird Sie umbuchen und im allerschlimmsten Fall wird man Ihnen auch eine Übernachtung im Hotel bezahlen«, sagte er fast schon begeistert, als müsste uns die Aussicht darauf erfreuen. Wahrscheinlich verstand er nicht, warum ich bei diesen Worten völlig in mich zusammensackte und langsam in mir verschwand. Ich bekam aber noch mit, dass uns im Flughafengebäude eine Assistenz namens Zola erwartete. Zola machte einen resoluten Eindruck und wartete auch schon mit dem Rollstuhl, den ich diesmal auch benötigte, denn ich hätte nicht mehr laufen können, so fertig war ich inzwischen. Als Rolf ihr die Abflugzeit nannte, runzelte Zola die Stirn, und als er ihr dann auch noch erklärte, dass wir keine Bordkarten hätten, schnaubte sie zur Antwort, fuhr mich aber zielstrebig zu einem Schalter. Während Rolf dort mit dem Bodenpersonal sprach, betrachtete mich Zola zum ersten Mal interessiert und fragte: »Eben erst passiert?« Diesmal konnte mir Rolf nicht helfen und so presste ich nur einen Satz heraus, der wahrscheinlich in diesem Zusammenhang für Zola überhaupt keinen Sinn ergab: »Ich bin Autistin.« Mehr konnte ich nicht sagen. In meinem Kopf war ein riesiges Knäuel an Wörtern und ich fand den Anfang einfach nicht. Zola beobachtete mich noch ein wenig intensiver und überlegte wahrscheinlich, ob ich geistig behindert oder gestört bin. Offensichtlich kam sie letztendlich zu dem Schluss, mit mir besser nicht mehr zu sprechen.

Die Passkontrolle konnten wir noch relativ zügig passieren, aber dann kamen wir wieder an die von mir gefürchtete Taschen- und Körperkontrolle. Zola sah schon von Weitem das nächste Problem: »Oh nein, wir sind bei der Neuen!«, murmelte sie entnervt. Ich war schon so weggetreten, dass ich nicht mal mehr aus dem Rollstuhl aufstehen konnte und man mich darin ausgiebig betastete. Die »Neue« war besonders gründlich und so wurden mir auch meine Schuhe ausgezogen und durch die Schranke getragen. Das alles bekam ich nur noch halb mit. Anschließend schob mich Zola schnell in Richtung Gate, von dem uns aber eine Treppe trennte. Jetzt wusste auch Zola nicht mehr weiter. Von oben war zu ersehen, dass das Personal sich schon anschickte, das Gate zu schließen. Plötzlich hörte ich ein »Schnell, schnell!« von Rolf, erwachte aus meiner Starre, sprang aus dem Rollstuhl und rannte die Treppe hinunter. Den verblüfften Blick von Zola bekam ich nicht mehr mit und im letzten Moment und als letzte der Passagiere zückten wir unsere Bordkarten, bevor das Gate endgültig geschlossen wurde. Wir stürmten durch die Tür nach draußen und erreichten in letzter Sekunde den Bus voller Passagiere, der uns zum Flugzeug brachte. Mir war inzwischen völlig egal, was irgendjemand um mich herum von mir dachte, und ich vergrub mein Gesicht im Hemd von Rolf. Die Situation in dem vollgestopften Bus war fast unerträglich für mich.

Ohne weitere Zwischenfälle erreichten wir unsere Plätze im Flugzeug und ich sackte dort zusammen. Während des Fluges kam die Stewardess zu uns und teilte uns mit, dass unsere Assistenz am Flughafen in Nürnberg sicher nicht nötig sei: Das Flugzeug würde direkt am Gebäude andocken. Rolf nickte und sagte nichts. Wie viel Sinn würde es machen, der Stewardess zu erklären, um was es genau geht? Mir war schon alles egal. Ich wollte nur noch nach Hause.

Das Flugzeug landete planmäßig in Nürnberg. Im Grunde mussten wir nur noch unsere Koffer holen. Als wir endlich am Laufband standen, leerte sich dieses nach und nach und auch die Passagiere drum herum wurden immer weniger. Bis das leere Laufband stoppte und wir als Einzige davorstanden. Nun, was ist schlimmer als ein verlorener Koffer? Ganz genau. Zwei verlorene Koffer. In der Koffervermisstenstelle brach ich dann endgültig zusammen. Mit letzter Kraft schafften es Rolf und die Mädchen, mich zu einem Taxi zu bugsieren und sicher nach Hause zu bringen. Dort musste ich mich für ein paar Tage von der Heimreise erholen. Wir hatten auch Glück im Unglück: Zwei Tage später klingelte es an der Tür und wir hatten unsere Koffer wieder.

Diese Erlebnisse haben mich glücklicherweise nicht davon abgebracht, weiter zu verreisen. Es gibt aber Dinge, die wir vermeiden, beispielsweise Zwischenlandungen wie damals in Berlin-Tegel. Leider geschah genau dies notfallmäßig bei unserer nächsten Flugreise, als ein Mitpassagier dringende medizinische Hilfe benötigte und wir auf einer Insel zwischenlanden mussten. Die Landung – ich nehme an, der Pilot war auch noch nie dort gewesen – erfolgte sehr zügig und war sehr, sehr holprig. Ich hatte zum Glück Tavor bei mir, sonst wäre ich sicher so auffällig geworden, dass man mich möglicherweise auch aus dem Flugzeug herausgeholt und medizinischer Hilfe zugeführt hätte. Aber inzwischen weiß ich auch, wie so etwas abläuft und dass ein Flugzeug nach einer Notlandung wieder aufgetankt werden muss und dies eben Zeit braucht. Es gibt etwas, was ich tatsächlich sehr liebe, und das ist das Fliegen an sich, besonders der Moment kurz bevor das Flugzeug abhebt. Auch wenn ich selbstverständlich weiß, dass das Fliegen umweltschädlich ist und ich es schon allein deshalb nur selten mache. Und ich liebe das Meer. Ich liebe es zu schwimmen. Es gibt wenige Dinge, bei denen ich so abschalten kann wie bei den immer gleichmäßigen Bewegungen im Wasser, welches mich so leicht fühlen lässt. Das gibt mir die Kraft, die Abenteuer zu bestehen, die jede Reise für mich bedeutet.

DER BLICK DER ANDEREN

Über Autismus kursieren noch immer viele Vorurteile und auch ich werde hin und wieder damit konfrontiert. Das, was ich am häufigsten höre, ist: »Du siehst gar nicht so aus!« Ich habe keine Vorstellung davon, was die Leute glauben, WIE ein Autist auszusehen hat, aber vielleicht macht es das Problem/ Vorurteil damit umso deutlicher: Autisten sind Menschen, keine »Aliens«. Wir sehen aus wie andere Menschen und die meisten von uns wollen daher keine »Sonderbehandlung«. Allerdings benötigen wir in bestimmten Bereichen Hilfe und auch »Nachteilsausgleiche«. Womit wir bei einem weiteren Vorurteil sind, welches ich ebenso wenig verstehe: Es entsteht einem autistischen Kind oder Erwachsenen kein Vorteil, wenn beispielsweise eine Schreibzeitverlängerung bei Prüfungen gewährt wird; diese ist lediglich dazu da, einen Nachteil auszugleichen. Menschen, die ganz wenig über Autismus wissen und vielleicht nur den Film *Rain Man* gesehen haben, glauben oft, dass Autisten nicht sprechen können, nur schaukelnde Bewegungen machen und dabei doch zu Höchstleistungen in gewissen Bereichen fähig sind. Nun, das Autismus-Spektrum ist wie gesagt groß und natürlich gibt es sie, die Autisten, die nicht sprechen können. Manche von ihnen können sich vielleicht anderweitig mitteilen, beispielsweise über Gebärdensprache. Manche können sich aber leider auch gar nicht mitteilen und bei einigen wird sich einfach nicht genug bemüht, sie zu verstehen. Ich finde es sehr gut, dass das Interesse am Thema Autismus steigt, und es scheint mir auch so, als ob man mehr und mehr gewillt ist, uns zuzuhören. Trotzdem ist es mir wichtig darauf hinzuweisen, dass es auch Autisten gibt, die nicht für sich sprechen können und die tatsächlich lebenslang auf Hilfe angewiesen sind und deren Angehörige Unterstützung benötigen.

Wenn ich diesbezüglich mit neurotypischen Menschen spreche, so scheint ihnen ein wichtiger Punkt die Selbstständigkeit zu sein. Das ist für mich persönlich nicht die ausschlaggebende Frage. Sicher bin ich zum Beispiel auch in gewisser Weise abhängig von meinen Familienmitgliedern, dennoch habe ich keine Schwierigkeiten etwa mit der Körperpflege. Für mich ist ein anderes Thema wichtig, nämlich die psychische Gesundheit. Diese leidet sehr, wenn man von klein auf täglich mitbekommt, dass man nicht dazugehört, vielleicht auch noch eine Last für die Eltern und die ganze Familie, eventuell sogar Mobbingopfer ist. Später werden von einem Dinge verlangt, die viel Kraft kosten, und da neurotypische Menschen diese mühelos erledigen, verstehen sie nicht, wie viel Kraft es den Autisten kostet. Oft erscheint es mir so, als sei für neurotypische Menschen die Anpassung der entscheidende Weg. Sie vergessen, dass man als Autist damit seine Persönlichkeit, das eigene ICH verleugnen muss. Es gibt oftmals kein Verständnis dafür, dass man einige Dinge an einem Tag kann und am anderen nicht.

Typisch für mich ist wie gesagt das Telefonieren: An manchen Tagen ist es kein Problem – an anderen geht es nicht. Glücklicherweise versteht das meine Familie, aber ich bekomme sehr oft mit, dass anderen Menschen dafür das Verständnis fehlt. »Die will doch bloß nicht!«, heißt es dann. An anderen Tagen fängt es schon mit dem Anziehen an. Diese Tätigkeit benötigt eine bestimmte Reihenfolge und es ist manchmal schlicht erleichternd, wenn die Kleidung »richtig« vorgelegt wird.

Es sind so viele Kleinigkeiten, für die viele neurotypische Menschen wenig Verständnis haben – was streng genommen absolute Ironie ist: Uns Autisten wird beispielsweise nachgesagt, wir hätten keine Empathie. Das stimmt so nicht und ich persönlich vermute, es kommt daher, dass neurotypische Menschen UNS auch nicht »lesen« können. Kürzlich hat mir eine Bekannte berichtet, dass ihre Eltern sich gewundert haben, als sie sich eine Rede von Greta Thunberg angesehen haben. »Sie hat ja kaum gestikuliert«, stellten sie fest. »Wo ist das Problem?«, dachte ich da bei mir. »Herumgefuchtel ist doch gar nicht wichtig für die Information, die man vermitteln möchte, sondern lenkt nur ab.« Das Problem besteht nämlich auf beiden Seiten. Mir ist Ähnliches das erste Mal bewusst aufgefallen, als man mir ein Geschenk machte, und da war ich schon eine erwachsene Frau. Ich packte es sorgsam aus, damit das Geschenkpapier nicht reißt, denn Lilly sammelt gebrauchtes Geschenkpapier, nahm das Geschenk anschließend in die Hand, betrachtete es und bedankte mich schlicht. »Du freust dich ja gar nicht richtig!«, sagte der Schenkende vorwurfsvoll, der mich aber auch nicht gut kannte, und ich kann mich nicht mal mehr an den Namen erinnern. Verwirrt antwortete ich: »Doch«, aber die Stimmung war anschließend irgendwie dahin. Also begann ich, Menschen beim Geschenkeauspacken zu beobachten. Ein paar waren wie ich, aber es gibt auch die wilden Geschenkeaufreißer, die jubelnd ihr Geschenk betrachten und anschließend dem Schenker um den Hals fallen. »Aha«, dachte ich mir. »Da haben wir es.« Doch so würde ich nie ein Geschenk öffnen können.

Um meinen aufkeimenden Verdacht, dass ich einfach falsch gelesen werde, zu bestärken, beobachtete ich weitere Situationen, in denen ich mich anders, ruhiger verhielt als andere Menschen. Ich kam für mich zu dem Schluss, dass manche Menschen aus meiner ruhigen Art schließen, dass meine Gefühlswelt ebenso ruhig und abgeflacht ist. Doch das stimmt nicht! Im Gegenteil. Zeitweise habe ich sogar das Gefühl, von Eindrücken überrollt zu werden, und dann bleibt mir gar nichts anderes übrig, als mich abzuschotten.

Es gibt noch andere Situationen, in denen ich merke, dass ich anders handele, und bei denen ich mich ernsthaft frage, weshalb neurotypische Menschen so handeln, wie sie es eben tun: Beispielsweise lügen sie sich an. Kürzlich waren Rolf und ich bei den Eltern eines Mitschülers von Angelina und bekamen dort zum Kaffee Schokolade angeboten. Es waren sehr nette Menschen, die unsere Tochter auch schon zu Ausflügen mitgenommen haben und mir als Gastgeschenk teure Schokolade aus der Schweiz mitgebracht hatten. Ich mag keine Schokolade, und als man mir also wieder welche anbot, sagte ich das auch. Ich dachte, ich spreche es aus, weil ich sonst wohl immer wieder Schokolade geschenkt oder angeboten bekommen würde und dann wirklich Freude heucheln müsse. Das muss ja nicht sein. Danach herrschte ein paar Sekunden angespannte Stille am Tisch. Dann räusperte Rolf sich und ich erkannte, dass ich etwas falsch gemacht hatte. Zu Hause fragte ich bei Rolf nach: »Hätte ich sagen sollen, dass ich Schokolade mag?« Rolf schmunzelte und meinte: »Nein, alles ist gut. Aber in der Regel macht man das so, damit keine Anspannung aufkommt.« Auf die Eltern habe ich wahrscheinlich unbeabsichtigt unhöflich gewirkt und innerlich machte ich mir schon die nächsten Sorgen: Was, wenn sie mir statt Schokolade nun Blumen schenken würden? Das ist nämlich ein ebenso heikles Thema. Es ist nicht so, dass ich keine Blumen mag, im Gegenteil, aber es bricht mir förmlich das Herz, sie in den Vasen sterben zu sehen und sie anschließend in den Mülleimer zu werfen. Da ich zudem auch mit Topfpflanzen nicht richtig umzugehen weiß, haben wir in unserer Wohnung keine Pflanzen. Nur auf dem Balkon – da haben wir dank Angelina ein kleines Gartenparadies mit verschiedenen Kräutern und Früchten und Gemüsesorten und Lilly hat sich kürzlich Pflanzen für ihr Zimmer zugelegt.

Das »Lügen« habe ich sogar sehr oft bei anderen Müttern ihren Kindern gegenüber bemerkt und ich fragte mich oft, weshalb sie es tun. So etwas wie: »Wenn du nicht aufisst, gibt es morgen schlechtes Wetter!« oder »Wenn du nicht brav bist, bringt der Nikolaus keine Geschenke!« Letzteres ist besonders gruselig, da der Nikolaus ja wirklich nicht kommt. Wenn ich solche Situationen mitbekomme, muss ich mich sehr zusammenreißen, um den Kindern nicht die Wahrheit zu sagen. Überhaupt, so frage ich mich: Wie können die Kinder denn eigentlich unterscheiden, wann ihre Eltern nun die Wahrheit sagen und wann nicht?

Man hat mir natürlich schon erklärt, dass »Notlügen« erlaubt sind, aber ich fühle mich trotzdem unwohl dabei. Mir ist unbehaglich zumute, wenn man mich fragt, wie es mir geht, und ich mit »gut« antworten muss, weil einfach keine Zeit bleibt, um darüber nachzudenken, wie es mir gerade geht und was ich dem Gegenüber sagen soll. Schließlich gibt es da ja Unterschiede: Dem Postboten muss man was anderes erzählen als seinem Arzt. Bei der Frage, wie es mir geht, habe ich also meist ein kurzes Ziehen im Bauch und kann dann tatsächlich dem Gegenüber nicht in die Augen blicken.

Die Sicherheit, dass mir das Gegenüber immer die Wahrheit sagt, gibt es nicht und damit muss ich leben. Dass es keine Sicherheit im Leben gibt, habe ich bereits als kleines Mädchen erfahren, etwa als meine Mutter mich verließ, als ich zwei Jahre alt war. Wie lebt man, wenn man in einer Welt aufwächst, in der zumindest die Menschen keine Sicherheit vermitteln? Ich war, was die Selbstfürsorge betrifft, von klein auf auf mich allein gestellt. Etwas, was mir geholfen hat, waren die Regeln, die ich verstand, und immerhin hatte ich einen relativ geregelten Tagesablauf. Dadurch, dass meine Eltern so gut wie nie für meine Schwester und mich da waren, unternahmen sie mit uns auch nichts und so war jeder Tag einigermaßen vorhersehbar – ich kann mich nur an ein paar wenige Urlaube in der Vorschul- und Grundschulzeit erinnern. Außerdem flüchtete ich mich in meine Bücherwelt und distanzierte mich schon als Kind von meiner Familie. Eine richtige Bindung gab es nie. Trotzdem spürte ich immer eine innere Stärke und oft – als Mädchen, aber sogar noch als junge Erwachsene, als ich mich mit meinen damaligen Lebensgefährten so unglücklich fühlte – blickte ich in den Spiegel, den ich durch die tränenden Augen kaum erkannte, und versprach mir, dass ich mir helfen lassen und einen Ausweg finden würde.

Heute brauche ich das nicht mehr, doch manchmal, wenn ich in den Spiegel schaue, sehe ich immer noch das Mädchen und die junge Frau von damals und weiß, dass ich mich nicht getäuscht habe. Meine innere Stärke war immer da und ich bin die einzige Person auf der Welt, die mir die absolute Sicherheit gibt, dass sie an mich glaubt. Selbstverständlich unterstützt mich Rolf in jeder erdenklichen Hinsicht, aber ich allein weiß, was es für mich bedeutet, eine Überlebende zu sein. Das ist etwas, was ich nicht jedem Menschen wünsche und schon gar nicht meinen Kindern. Meinen Kindern wollte ich von Anfang an die Sicherheit vermitteln, für sie da zu sein, und nicht nur das: Sie sollten, ganz anders als ich, das Gefühl haben, geliebt zu werden. Doch wie vermittelt man Sicherheit, wenn man selbst in so einer unsicheren Welt lebt, und noch wichtiger: Wie zeigt man Liebe? Mir sind die Worte »Ich liebe dich« nicht wichtig, weil es nur Worte sind, aber keine Taten. Ich sage sie trotzdem den Kindern hin und wieder, weil ich gelesen habe, dass man das tun sollte. Außerdem nehme ich sie in den Arm, aber meistens nur dann, wenn sie es von sich aus einfordern. Wenn sie ein Problem – egal, mit welchem Hintergrund (Freunde, Schule, Bauchschmerzen) –

schildern, dann bin ich da und höre ihnen zu und wir versuchen gemeinsam eine Lösung zu finden. Ich lasse sie mit ihrer Not nicht allein.

Zu Beginn meines Mutterseins hatte ich nur mich zur Verfügung, dazu meine Regeln und meine Bücher, in denen ich nachschlagen konnte. Ich erinnerte mich, wie ich mich als Kind gefühlt hatte, und wollte alles anders machen, doch eines hatte ich nicht bedacht: Meine Kinder sind eigene Persönlichkeiten. Sie sind nicht so wie ich und schnell kam ich an meine Grenzen. Auch wenn für mich ein »Nein« nein bedeutet, bedeutete es das für meine Kinder noch lange nicht. Mehr als einmal war ich fassungslos, weil sich die Kinder nicht automatisch an die Regeln hielten, die ich festlegte. Heute sehe ich manchmal andere Mütter genau in solchen Situationen und beobachte dann interessiert, wie sie handeln. Einige Mütter werden laut, andere zwingen ihre Kinder körperlich dazu, sich dem Willen der Mütter zu beugen, indem sie sie festhalten oder wegtragen. Das war nie mein Weg, denn dann wäre ich nicht anders als meine Eltern gewesen.

Mit jedem weiteren Kind wurde ich sicherer und heute weiß ich, dass ein Kind verstehen muss, weshalb es dieses oder jenes tun sollte, um es dann aus eigenem Antrieb zu erledigen. Da nützt es nichts, laut zu werden, etwas erzwingen zu wollen oder vielleicht noch schlimmer (den Fehler machte ich zu Beginn): die Dinge für das Kind zu erledigen, wenn es sich weigert. Ich tat dies damals, weil ich keinen Konflikt wollte, und war dadurch zu nachgiebig. Das Problem dabei war: Das Kind lernt nicht, Verantwortung zu übernehmen, beispiels-

weise für die Hausaufgaben. Wie lange saß ich jeden Nachmittag mit meinem ältesten Kind am Tisch und versuchte
es zu überreden, die Hausaufgaben zu machen! Manchmal
brach ich nach Stunden ab, weil es nichts mehr brachte. Damals war ich sehr verzweifelt, sah ich mich doch auch mit
den weiteren vier Kindern für viele Jahre am Nachmittag am
Tisch – oder sogar an mehreren Tischen – sitzen und Hausaufgaben machen. Doch es kam anders. Ich erkannte meinen Fehler und beschloss irgendwann, mich überhaupt nicht
mehr in schulische Belange einzumischen. Schließlich über-
trug ich dieses Konzept auch auf andere Bereiche, beispielsweise das Einschlafen. Das war auch eine lange Zeit Thema
und ich glaube, viele Eltern wissen, wovon ich schreibe und
wie grausam Abende sein können, an denen die Kinder par-
tout nicht einschlafen wollen. Schlimm ist es besonders für
autistische Eltern, die sich vielleicht sogar gerade selbst in
einem Overload befinden. Mit einem Overload meine ich,
dass man völlig überreizt ist und dringend Ruhe benötigt.
Irgendwann setzte ich eine Uhrzeit fest und zu dieser wurden die Kinderzimmertüren geschlossen. Die Kinder durften noch aufbleiben, mussten aber ruhig sein und wir ließen
uns gegenseitig in Ruhe. Faszinierenderweise hat das bei uns
funktioniert.

Es ist keineswegs so, dass ich mehr Hilfe benötigt hätte.
Allerdings hätte ich mir gewünscht, dass ich eine »Über-
setzungshilfe« gehabt hätte und mir jemand die Welt erklärt.
So musste ich langwierig über viele, manchmal sehr unangenehme Situationen meine Erfahrungen machen – auch

mit Menschen, die mir eigentlich hätten helfen sollen. Als es zum Zeitpunkt meiner Diagnostik bei mir zum Zusammenbruch kam, war mir klar, dass ich mir Hilfe von außen holen musste. Doch wo holt man sich diese? Letztendlich hatte ich mehrere Alltagsbegleiter über das persönliche Budget, doch nicht mit einem Einzigen hat es gepasst. Alltagsbegleiter sind in den meisten Fällen nicht auf Autismus geschult, und selbst wenn – jeder Autist ist anders und hat eigene Bereiche, in denen er Hilfe benötigt. Jedenfalls hielt man mich entweder für geistig behindert – anders kann ich mir nicht erklären, weshalb man mit mir eine Stunde lang den Zettel mit den Notrufnummern der Polizei, Feuerwehr etc. durchging –, oder es stimmte etwas ganz Grundsätzliches nicht. Eine Situation ist mir ganz besonders in Erinnerung geblieben. Ich hatte einen Arzttermin, den ich sogar in Begleitung des Alltagsbegleiters vereinbart hatte. Als wir ankamen, sagte die Sprechstundenhilfe: »Das kann nicht sein, dass Sie einen Termin um 10 Uhr haben, hier bei mir steht 11 Uhr!« Das hat mich so aus dem Konzept gebracht, dass ich wortlos vor ihr stehen blieb. Mir standen keine Handlungsoptionen zur Verfügung. Das konnte einfach nicht sein! Ich wusste ganz sicher, dass ich diesen Termin um 10 Uhr vereinbart hatte. Die Sprechstundenhilfe interessierte sich nicht weiter für mich und drehte sich weg. Der Alltagsbegleiter drängte mich zum Wartezimmer, wo ich immer wieder wiederholte: »Das kann doch nicht sein, das kann doch nicht sein! Und überhaupt, weshalb kann sich die Sprechstundenhilfe nicht entschuldigen? Das war doch ihr Fehler!« Der Alltagsbegleiter sagte dann belehrend zu mir: »Nein, das war nicht ihr Fehler. Das war das System!« Wir sprachen noch einige Male über diese Situation, aber ich verstand nie, was er mit »dem System« meinte, welches er auch zu anderen Gegebenheiten immer wieder anführte. Wir merkten jedenfalls, dass wir nicht zusammenarbeiten konnten, und ich bekam einen anderen Alltagsbegleiter, mit dem es zwar passte, der aber eines Tages einfach nicht mehr kam. Es gab keine Entschuldigung oder Abmeldung und er war auch nicht mehr zu erreichen. Ich weiß bis heute nicht, ob er überhaupt noch lebt. Das war für mich, wo ich schon meine Mutter so früh verloren hatte und dazu Schwierigkeiten habe, einen Menschen so nahe an mich heranzulassen wie den Alltagsbegleiter, ein schwerer Schlag.

Dann hatte ich eine weitere Alltagsbegleiterin und ihr berichtete ich, dass ich bei einer Firma, die besonders an Autisten interessiert ist, ein Vorstellungsgespräch habe. »Das trifft sich gut«, meinte diese, »zufällig habe ich bei derselben Firma mit einem anderen Autisten am selben Tag einen Vorstellungstermin!« Damals wollte ich noch nicht jedem mitteilen, dass ich die Hilfe eines Alltagsbegleiters benötigte, weil es mir peinlich und unangenehm war. Ich wollte das zunächst auch noch nicht im Vorstellungsgespräch sagen und von daher begleitete mich mein Mann. Jedenfalls beschlich mich ein ungutes Gefühl und ich fragte die Alltagsbegleiterin direkt, ob sie bei der Firma erwähnt hätte, dass sie auch mich betreut. »Na klar habe ich das erwähnt. Was ist schon dabei?« Ich war wie betäubt ob dieses Vertrauensbruchs. Eine weitere Zusammenarbeit konnte ich mir ab diesem Zeitpunkt nicht mehr vorstellen. Ich informierte ihre Vorgesetzten, stieß aber nur auf wenig Interesse. Jedenfalls verzichtete ich nach diesen

Erfahrungen auf solche Hilfen und bin dankbar, dass mein Mann seither diesen Job erledigt, soweit er es gesundheitlich gesehen eben kann.

Zumindest weiß ich heute, wie es NICHT geht, und es hat in der Vergangenheit teilweise auch dazu geführt, dass ich mich ganz aus der Gesellschaft rausgezogen und aufgegeben habe. Bis auf sehr wenige Ausnahmen wie die Eltern mit der Schokoladenliebe, die ich schon erwähnt habe, und ein paar andere wenige Bekanntschaften pflege ich beispielsweise überhaupt keinen Kontakt zu anderen Müttern. Das war noch anders, als die Kinder kleiner waren. Da besuchte ich mit ihnen Krabbelgruppen, war Mitglied im Elternbeirat des Kindergartens und besuchte relativ regelmäßig Elternabende. Ich hatte den Anspruch an mich, mich anzupassen, um dazuzugehören und vor allem um meinen Kindern nicht zu schaden. Das war unbewusst über Jahre hinweg meine Angst: Wenn herauskommt, wie »schräg« und »verrückt« ich tatsächlich bin, wird das auch auf meine Kinder zurückfallen. Je älter ich wurde, desto mehr wurde mir jedoch bewusst, wie ich mich anders entwickelte: Die anderen Eltern wurden mir noch fremder, als sie es ohnehin schon waren. Diese ganzen Treffen kosteten mich mehr und mehr Kraft und ich schaffte es nicht mehr zu kompensieren, auch nicht meiner Kinder zuliebe. Für die anderen Eltern schien das nicht zu gelten: Es wirkte auf mich so, als würden sie aus diesen Treffen Energie ziehen. Daher habe ich es bereits seit einigen Jahren aufgegeben, mich mit anderen Eltern zu verabreden.

Ein weiterer Grund dafür ist meine Sichtweise zum Thema Erziehung, die ganz anders zu sein scheint. Ich merke, wie es mich stresst, wenn ich mir ein Verhalten ansehen muss, welches mir fremd ist, etwa das bereits erwähnte Lügen. Natürlich kann man nicht verallgemeinern, dazu gibt es zu viele verschiedene Erziehungsstile, aber mir fällt oft auf, dass ich diverse Dinge anders machen würde und wahrscheinlich auch nicht meinen Mund halten könnte und den anderen Eltern hineinreden würde. Ruhig zu bleiben fällt mir da schwer. Es ist ein innerer Druck zu sagen, was ich gerade denke. Dies zu unterdrücken kostet Kraft. Früher, im Studium, habe ich sogar noch die Professoren angeschrieben, wenn ich in ihren Schriften Fehler gefunden habe. Allerdings habe ich irgendwann gemerkt, dass man sich damit unbeliebt macht. Also versuchte ich mich fortan zu beherrschen und war jedes Mal stolz auf mich, wenn ich es schaffte. Doch in Bezug auf Kinder war es für mich immer wieder eine Herausforderung, bestimmte Verhaltensweisen neurotypischer Mütter unkommentiert zu beobachten. Ich fand es anstrengend, wenn beispielsweise um das Essen ein Gewese gemacht wurde. In einer Kindergruppe konnte ich etwa beobachten, wie eine Mutter mit einem Löffel Fruchtquark dem spielenden Kind hinterherrannte und es anflehte, diesen doch zu essen. Bei einer anderen Gelegenheit schnitt eine Mutter eine Olive – die die Tochter liebte – in Scheiben und sie durfte nur dann ein Stückchen davon essen, wenn sie vorher etwas anderes gegessen hatte. Dabei waren es vollkommen gesunde Kinder mit einem gesunden Verhältnis zu ihrem Körper. Vielleicht habe ich hier auch »leicht reden«, denn bei fünf Kindern hat man eher das Problem, ob das Essen überhaupt ausreicht.

Zu jeder Hauptmahlzeit fühle ich mich wie von einem Heuschreckenschwarm überrollt.

Dennoch ist es oft nicht einfach, denn die Mädchen haben alle Zöliakie. Als Erste bekam Miriam die Diagnose. Wir waren mit ihr ohnehin in ärztlicher Behandlung, weil sie für ihr Alter viel zu klein war in der Relation zur Körpergröße ihrer Eltern – ihre berechnete ausgewachsene Körpergröße lag lediglich bei ungefähr 1,50 Meter. Nach Jahren fiel einer Ärztin auf – Miriam war inzwischen schon sieben Jahre alt –, dass sie einen unverhältnismäßig großen Bauch zu den sehr dünnen Armen und Beinen hatte, und fragte nach, ob sie denn schon auf Zöliakie untersucht worden sei. Da sie das noch nicht war, sprach ich das beim Kinderarzt an. »Nein, unmöglich. DIESES Kind kann keine Zöliakie haben. Es ist viel zu gut gelaunt. Kinder mit Zöliakie sind weinerlich und quengelig!« Trotzdem schaffte ich es, den Arzt zu überreden, immerhin eine Blutuntersuchung zu veranlassen. Wenn es um die Kinder und vor allem nicht um mich geht, bin ich bei Ärzten selbstbewusster. Da sehe ich mich dann in der Rolle als Mutter, die alles auf sich nehmen würde, damit es den eigenen Kindern gut geht. Miriam ließ sich tapfer Blut abnehmen – sie weinte nie bei Untersuchungen –, und als die Ergebnisse da waren, überwies der Kinderarzt sie ohne einen weiteren Kommentar in die Kinderklinik, um dort eine Darmspiegelung machen zu lassen. Das Ergebnis war dann relativ eindeutig und für mich erstmal ein Schock, als ich realisierte, was es für Miriam, aber auch für uns als Familie bedeutet: 1/8 Gramm Mehl kann eine Entzündung hervorrufen und am besten hat man für das Kind extra Kochgeschirr, Besteck … ach was, eine eigene Wohnung. Gut, Letzteres ist jetzt übertrieben, aber zu Beginn dachte ich wirklich, dass ich das niemals hinbekomme.

Es ist tatsächlich so, dass sie eigene Butter, Marmelade und natürlich eigenes, spezielles Brot hatte (welches niemals auf demselben Teller wie das andere Brot liegen darf), und auch sonst musste ich mich beim Kochen umstellen. In allen möglichen Nahrungsmitteln ist Gluten enthalten. Allerdings befasste ich mich durch diese erzwungene Nahrungsumstellung bei Miriam insgesamt intensiver mit dem Thema Ernährung und kochte gesünder und bewusster. Inzwischen gibt es glücklicherweise immer mehr Angebote mit glutenfreier Nahrung, aber billig ist dies natürlich nicht. Miriam jedenfalls nahm es relativ gelassen hin und ernährte sich fortan diszipliniert nach der Diät. Irgendwann fragte ich sie doch einmal: »Sag mal, hattest du denn nie Schmerzen? Und wenn ja, weshalb hast du es nicht gesagt?« Da meinte sie: »Doch, ich hatte nach jeder Mahlzeit Bauchweh, aber ich dachte, das sei normal.«

Nach einiger Zeit fing auch Lilly an, sich nach den Mahlzeiten über Bauchschmerzen zu beklagen. Ich fand das seltsam. Gleich zwei Kinder in einer Familie mit Zöliakie?!? Jedenfalls wurde auch bei ihr ein Bluttest und eine anschließende Darmbiopsie gemacht. Ergebnis: positiv. Da fiel unser Blick auf Angelina. Sie war schon immer sehr zierlich gewesen, fast untergewichtig. Da sie aber ein Frühchen mit mehreren Auffälligkeiten war und ist, dachten wir uns erstmal nichts dabei. Aber nun sollte auch sie untersucht werden und diesmal durfte ich bei der Darmspiegelung sogar dabei sein. »Da brauche ich eigentlich gar keine Probe zu nehmen, so deutlich sehe ich das jetzt schon«, rief der Arzt aus. Er nahm sie trotzdem und bei ihr war das Ergebnis auch ganz klar Zöliakie.

Wenn Miriam und Lilly sich relativ schnell mit der Diät abfanden, so war das bei Angelina nicht so. Sie weinte viel, vor allem, wenn Kinder bei ihren Geburtstagen Kuchen oder Muffins mit in die Schule brachten und sie nur beim Essen zusehen durfte. Auch die Gummibärchen, die sie stattdessen bekam, konnten sie nicht trösten. Sie war ja erst sechs Jahre alt und begriff noch nicht richtig den Zusammenhang zwischen der Nahrungsaufnahme und den Bauchschmerzen und schon gar nicht, welche Auswirkungen Ernährungsfehler auf ihre Gesundheit haben. Inzwischen hat sie sich damit abgefunden. Wahrscheinlich hat es ihr geholfen, dass sie nicht die Einzige in der Familie ist, die die strenge Diät einhalten muss. Nach den Diagnosen sprach mich mal eine Mutter an: »Sag mal, besuchst du eine Selbsthilfegruppe wegen der Zöliakie deiner Kinder?« Verstört sah ich sie an. »Macht man das immer, wenn man eine Krankheit hat?« Zu Hause sprach ich dann mit Rolf darüber und er, der nach der dritten Zöliakie-Diagnose den Arzt gefragt hatte, ob die Krankheit denn jetzt nicht nach uns benannt werden könne – schließlich sei es ja wohl selten, dass in einer Familie gleich drei Mitglieder betroffen sind –, lachte auf. Wie viele Selbsthilfegruppen sollten wir denn dann besuchen? Die für Menschen mit Multipler Sklerose, die für Menschen mit Zöliakie, die für Psoriasis, die für Neurodermitis, die für Missbrauchsopfer etc.? Ja, da hatte er wohl recht. So viel Zeit hatten wir gar nicht.

Dennoch kam mir Jahre später die Idee, selbst eine Selbsthilfegruppe zu gründen: eine für erwachsene Autisten und

Autistinnen. Da hatte ich natürlich schon meine Diagnose und schon lange festgestellt, dass es im Grunde keine richtigen Hilfen für spätdiagnostizierte Autisten gibt. Ich erhoffte mir, Menschen zu treffen, die so sind wie ich. Ich hatte schon an verschiedenen Stellen nachgefragt, ob es in meiner Nähe denn so eine Gruppe für Autisten geben würde, aber man hatte verneint und einmal sogar geschmunzelt: »Autisten und eine Gruppe? Wie soll das gehen?« Aus meiner Erfahrung heraus kann ich schreiben: ziemlich gut. Natürlich ist es wie gesagt so, dass wir Autisten auch untereinander sehr verschieden sind, so, wie es neurotypische Menschen auch sind. Trotzdem haben wir einen gemeinsamen Nenner: Wir sprechen dieselbe Sprache und bis jetzt habe ich es noch nie erlebt, dass ein Autist nicht in die Gruppe gefunden hat. Jeder wurde offen aufgenommen und jeder konnte etwas beitragen. Inzwischen haben sich auch Freundschaften entwickelt und ich bin froh, dass es unter uns Autisten nicht den Anspruch gibt, sich regelmäßig zu treffen oder miteinander zu telefonieren. Wir wissen ob der Schwierigkeiten der anderen und es ist so angenehm, sich nicht rechtfertigen zu müssen oder den Druck zu verspüren, sich anpassen zu müssen. Durch die Anpassung, die viel Kraft kostet, haben viele Autisten zusätzlich zu ihrer Krankheit Komorbiditäten entwickelt: Angststörungen, Depressionen, Zwänge, um nur einige zu nennen. Viele Autisten bauen ab Mitte 30 oder sogar noch früher dadurch rapide ab. Die zweithäufigste Todesursache für Autisten ist der Suizid und die Lebenserwartung überhaupt ist wesentlich geringer. Das liegt nicht zuletzt an den Hürden und dem wenigen Verständnis im Gesundheitssystem. Ein

Autist, der so schon soziale Probleme hat, wird krank erst recht nicht imstande sein, sich zu artikulieren und einen Arzt aufzusuchen. Eine Selbsthilfegruppe kann daher vielen Autisten durchaus dabei helfen, sich angenommen und verstanden zu fühlen. Es ist eine Umgebung, in der jeder so sein darf, wie er ist, ohne gleichzeitig einen Stempel aufgedrückt zu bekommen.

MEINE SCHULEN DES LEBENS

Manchmal erlaube ich mir davon zu träumen, eine andere Kindheit gehabt zu haben. Das mache ich nicht oft, denn ich weiß ja, dass es nichts bringt. Die Realität bedeutet, dass die Vergangenheit nicht zu ändern ist. Aber manchmal stelle ich es mir eben doch vor. Wenn ich als Kind Erwachsenen begegnete, die ich gerne mochte, dann waren es zumeist Lehrer von der »besonderen Art«. Ruhig, sachlich, konsequent, gebildet und im Verhalten vorhersehbar. Die anderen Kinder mochten sie nicht unbedingt, da sie zumeist auch streng waren – sie forderten, dass die Regeln eingehalten wurden. Für mich wiederum waren es die schönsten Schulstunden überhaupt und ich blühte auf. Diese Lehrer gaben mir für mein Wissen Anerkennung und sie schafften es, mir neue Ideen in den Kopf zu setzen. Mein Kopf arbeitet ständig und ich wünsche mir manchmal einen Knopf zum Ausschalten. Aber da das nicht geht, ist es das Schönste, wenn ich mir über spannende und faszinierende Dinge Gedanken machen kann.

Als Kind habe ich mir Eltern gewünscht, die so wären wie diese Lehrer. Eltern, die es schaffen würden, meinen Kopf mit schönen und anregenden Dingen zu füllen. Zu Hause gab es das aber nicht und so begnügte ich mich mit dem, was da war: Zeitschriften wie *Das goldene Blatt* oder *Bild der Frau* und wie sie sonst noch heißen. Immerhin hatte ich eine Zeit lang ein ziemliches Hintergrundwissen über die europäischen Königshäuser – oder besser, was über sie getratscht wurde. Heute langweilen mich solche Blätter, und wenn ich sie in Arztpraxen herumliegen sehe, schaue ich sie mir nur selten an. Wenn doch, dann ausschließlich rückwärts, denn ich finde es abstoßend, dass Menschen oft ihre Finger ablecken, wenn sie die Zeitung umblättern. Liest man sie rückwärts, ist die Gefahr geringer, getrocknete Spucke berühren zu müssen.

Manchmal frage ich mich auch, ob ich höhere Bildungschancen bei meiner leiblichen Mutter gehabt hätte – ist sie doch Akademikerin und ihr Bruder, mein Onkel, war damals, wie mir berichtet wurde, immer »Klassenprimus« und sogar der jüngste Doktorand Deutschlands. Andererseits hatte ich nie den Eindruck, dass es meine Mutter groß interessierte, was aus mir wird. Als ich mich einmal bei ihr beklagte, dass ich nicht das Abitur machen dürfte, zuckte sie nur mit den Schultern und meinte: »Dann kannst du es ja später noch nachmachen.« Damit war das Gespräch beendet und ich hatte wieder mal das Gefühl, völlig allein zu sein. Was ich fühlte oder mir wünschte, zählte nicht. Dieser Gedanke ist mir immer noch so präsent, dass mir stets klar war, dass ich meine Kinder so keinesfalls erziehen wollte.

Trotz Abitur besitze ich nicht die Bildung, die ich gerne hätte und an meine Kinder weitergeben würde. Inzwischen ist es sogar oft so, dass die Kinder über verschiedene Dinge mehr Hintergrundwissen haben als ich. An mein »Ideal« komme ich nicht heran. Dass mir Bildung verwehrt wurde, ist etwas, was mich immer noch schmerzt. Als ich das Abitur nachmachte, war ich erstaunt, wie viel Wissen in der Oberstufe in kurzer Zeit vermittelt wurde und was ich alles nicht wusste. Es gibt also noch so viel Wissen da draußen, über das ich nicht verfüge, und manchmal finde ich darunter zufällig Themen, die mich fesseln und über die ich dann recherchiere, bis ich das Gefühl habe, umfassend informiert zu sein. Meistens sind es Themen aus dem Gesundheitsbereich, aber es kann auch sein, dass mir ungewöhnliche Wörter auffallen und ich recherchiere, um was es genau dabei geht. Dann komme ich von einem zum anderen. Manche Themen lassen mich auch nie los, wie das Thema Autismus oder Hochbegabung. Gerade mit ersterem befasse ich mich fast täglich, um – so gut, wie das als Laie eben möglich ist – auf dem neuesten Stand zu sein.

Trotzdem vergehen diese Schmerzen nicht – ich habe immer das Gefühl, im Rückstand zu sein. Meinen Kindern wollte ich dieses Gefühl nie zumuten. Dennoch gibt es einen Punkt, an dem auch ich nicht reagiert habe und mich möglicherweise schuldig gemacht habe. Und manchmal werde ich darauf auch angesprochen – von Miriam. Als sie in den Kindergarten kam, war alles völlig unproblematisch, vor allem, wenn man bedenkt, welche Schwierigkeiten die Eingewöhnung von Jonas mit sich gebracht hatte. Miriam war sofort der »Sonnenschein« der Gruppe und ging mit Begeisterung den ganzen Tag in den Kindergarten. Sie erzählte immer so leidenschaftlich von ihren Tagen mit den anderen Kindern und der Puppenecke und dem Spielen im Garten, dass Lilly es nicht abwarten konnte, auch endlich in den Kindergarten gehen zu dürfen. Lilly war schon immer sehr aufgeweckt. Als wir einmal auf dem Weg waren, um Miriam vom Kindergarten abzuholen, zeigte die zweieinhalbjährige Lilly plötzlich aufgeregt mit ihrem kleinen Fingerchen auf einen vorbeifliegenden Vogel und rief lachend: »Oh, sau Mama, der Vogel da, der fliegt … ui, zu dem Baum, da hat er bestimmt ein Nest und sicher sind da Eier dlin, die kann er ausblüten mit die Popo!« Dennoch durfte sie noch nicht gehen, denn sie war erstens zu jung – was ich ihr so aber nicht sagen wollte – und zweitens noch nicht windelfrei. Das sagte ich ihr. Am nächsten Tag wollte sie keine Windel mehr tragen und ihre Sachen blieben auch tatsächlich trocken. Fieberhaft suchte ich nach einer Ausrede, weshalb sie trotzdem noch nicht gehen durfte, und obwohl ich es hasse zu lügen, meinte ich zu ihr: »Aber du musst auch in der Nacht trocken sein!« Nun, keine drei Tage später war sie auch in der Nacht trocken. Glücklicherweise näherten sich da schon die Sommerferien, in denen der Kindergarten pausierte, und sie konnte anschließend nach den Ferien endlich mit ihrer großen Schwester dort hingehen. Aber was war das für eine Enttäuschung für uns alle! Ich hatte auf einmal ein Kind wie ausgewechselt: launisch und bockig. Einige Zeit schob ich es auf die fehlende Eingewöhnung, aber bald war mir klar, dass ich das Gespräch mit dem Kindergartenpersonal suchen musste. Zuerst fragte ich nach Miriam. Ein Strahlen ging über das Gesicht der Erzieherin: »Das ist so ein Engel, eine kleine Prinzessin, sie kümmert sich so rührend um die kleineren Kinder und überhaupt, sie ist so klug und hat so eine soziale Art …«

»Und wie ist es mit Lilly?«, schob ich schnell hinterher, in der Hoffnung, dass es nicht so schlimm werden würde.

Aber da verdunkelte sich das Gesicht der Kindergärtnerin sichtlich und sie presste hervor: »Das ist keine Prinzessin! Das ist eine Herrscherin!«

Durch Zufall oder Fügung sprach man mich auf einen anderen Kindergarten an, der speziell auf hochbegabte Kinder ausgerichtet ist. Lilly war zwar erst drei Jahre alt, aber sie wurde dort nach ein paar Schnuppertagen »angetestet« und bekam einen Platz. »Angetestet« deshalb, weil sie damals für einen ausführlichen IQ-Test, der eine Hochbegabung feststellen könnte, noch zu jung war, aber sie konnte Aufgaben lösen, die Kinder in diesem Alter normalerweise noch nicht lösen können. Wieder hatte ich von einem auf den anderen Tag gefühlt ein anderes Kind: Lilly fand dort schnell Freunde – was für mich immer das Wichtigste war – und fühlte sich dort glücklich.

Ungefähr zur selben Zeit stand für Miriam die Untersuchung für die Einschulung an. Ich weiß noch, dass ich an diesem Tag ziemlich gestresst war. Wir mussten in einem langen Flur mit vielen Eltern und Kindern warten und ich hatte noch die kleine Angelina dabei, die ziemlich unleidlich war und sich auf meinem Schoß hin- und herwand. Miriam musste ein Bild malen und noch ein paar weitere Aufgaben erledigen. Anschließend meinte die untersuchende Ärztin: »Na, dich könnten wir doch gleich in die zweite Klasse einschulen.« Ich fasste das als Floskel auf, so, wie mir viele Floskeln begegnen, lachte und ging wieder nach Hause. Schnell hatte ich den Termin vorerst vergessen und die Zeit bis zur Einschulung verrann. Miriam war durch die zu diesem Zeitpunkt noch nicht entdeckte Zöliakie ein sehr kleines, zierliches Mädchen und mit ihrem fast durchsichtigen, blonden Haar kam sie mir wie ein Vögelchen vor. Aber nur solange sie nichts sagte, denn wenn sie den Mund aufmachte, war da nichts mehr von einem Vögelchen. Sie wuchs auf unsichtbare Weise und hatte die Ausstrahlung einer stolzen Löwin.

Selbstbewusst und keck stolzierte sie mit ihrem viel zu großen Schulranzen in die Schule und kam genauso glücklich und begeistert nach Hause. Die Hausaufgaben sah ich nie, denn sie machte sie schon in der Schule. Ich weiß nicht mehr, aus welchem Grund ich beim Kinderarzt war, und ich glaube, es war gar nicht mal wegen Miriam, aber dieser nahm mich beiseite und meinte: »Ich würde Ihre Tochter gerne mal testen.« Das war der Punkt, an dem ich innerlich dichtmachte. Es gab so viele Schwierigkeiten mit den anderen Kindern – und nun wollte er bei Miriam auch irgendetwas »testen«? Dennoch stimmte ich zu und anschließend wollte der Arzt mir eine Überweisung zum Kinderpsychiater geben. Ich fiel aus allen Wolken. »Weshalb?«, fragte ich. Der Arzt meinte, dass er bis jetzt nur ein Kind gesehen hätte, das so wäre wie Miriam, und seinen Unterlagen zufolge schätzte er den IQ auf über 135, hätte aber nicht das Material da, um genauer zu testen. Um also nichts zu übersehen, sollte ich sie besser beim Kinderpsychiater vorstellen. Ich tat es nicht. Heute macht mir Miriam deswegen manchmal Vorwürfe – zu Recht. Ich hatte einfach das Gefühl, nicht »noch ein Fass aufmachen« zu können. Aber es ging auch gut. Einmal wollte ich pflichtbewusst einen Termin bei Miriams Grundschullehrerin wahrnehmen, als mich diese kurz vor dem Termin anrief: »Bitte, Frau Opitz-Kittel, bleiben Sie zu Hause. Ich habe so viele Kinder mit Schwierigkeiten und Miriam gehört nicht dazu. Ich brauche die Zeit für die Gespräche mit den anderen Eltern.«

»Klasse«, dachte ich mir und hakte es ab.

So unproblematisch es für Miriam in der Grundschule war, sollte es zunächst auf dem Gymnasium nicht sein. Sie war es nicht gewohnt, sich anstrengen zu müssen, und so schrieb sie in der ersten Mathearbeit eine Fünf. Das war ein großer Schock für uns alle! Ratlos überlegte ich, was denn nun die richtige Reaktion sei. Schimpfen? Nein, Miriam sah so unglücklich aus, da würde Schimpfen es nicht besser machen. Trösten? Ihr sagen, dass es doch nicht so schlimm sei? Das würde sie mir nicht so einfach glauben, war sie doch sonst nur Einsen gewohnt. Bestrafen? Nein, das machte ich sonst auch nicht, weil ich den Sinn in Bestrafungen nicht sehe. Letztendlich entschied ich mich dazu, sie zu fragen, ob sie eine Idee hätte, wie es dazu gekommen sei. Sie überlegte: »Vielleicht liegt es daran, dass ich nicht geübt habe? Dazu hatte die Lehrerin zwar geraten, aber da ich es sonst auch nie gemacht hatte, habe ich es diesmal auch nicht getan.« Sie begriff also, was sie falsch gemacht hatte, und die Jahre danach waren im Großen und Ganzen wieder unproblematisch.

Mit Lilly sah das ganz anders aus. Nachdem sie kurz vor der Einschulung doch noch ausführlich getestet wurde und bei ihr tatsächlich eine Hochbegabung diagnostiziert wurde, kam sie in der Nachbarstadt in eine Schule mit speziellen Klassen. Dort wurden die Erst- und Zweitklässler und die Dritt- und Viertklässler gemeinsam unterrichtet. Im Grunde hätte sie dort die Grundschulzeit auch in zwei Jahren durchlaufen können, aber das war gar nicht unser Ziel. Ich fand es schön, dass sie so die Gelegenheit hatte, mit Kindern zusammen zu sein, die so tickten wie sie. Von daher lief es dort einigermaßen gut, auch wenn es einen längeren, komplizierten Schulweg für sie bedeutete. Aber schon mit acht Jahren meinte Lilly, dass sie diesen nun allein bewältigen könne – so schwer sei das Umsteigen mit der U-Bahn nun auch nicht. Wir kauften ihr ein Handy, damit sie uns jederzeit erreichen konnte, und ließen es zu. Angerufen, weil sie Probleme beim Umsteigen hatte oder den Weg nicht fand, hat sie uns allerdings nie. Nach der Grundschule kam sie auf dasselbe Gymnasium wie Miriam. Ich dachte, dass es jetzt wohl kein Problem mehr darstellen würde, sie mit »normalen« Kindern zusammenzubringen. Immerhin muss man im Leben auch mit allen Menschen zurechtkommen. Aber so einfach war es nicht. Schnell wurde Lilly von ein paar Mädchen als »Streberin« bezeichnet, sodass sie immer unglücklicher wurde. Eines Tages stellten wir sie deshalb einer Kinderpsychiaterin vor, die sie wieder ausführlich testete und untersuchte. Heraus kam auch dort, dass sie hochbegabt ist (welch Überraschung) und zudem unter einer leichten Depression litt. So wurde Lilly eine Therapie verordnet, die sie einmal die Woche wahrnahm. Trotzdem wurde sie nicht glücklicher – inzwischen war sie in der achten Klasse – und eines Tages wurde uns angeraten, um Aufnahme auf das Gymnasium der Nachbarstadt zu bitten, welches spezielle Klassen für hochbegabte Kinder hat. Lilly schnupperte dort ein paar Tage und wurde aufgenommen. Ich freute mich, weil ich dachte, dass nun alles gut werden würde. So interessant solche Klassen auch sind, sie bieten Herausforderungen auf ganz anderen Gebieten. In einer Schule, in der es diese speziellen Klassen gibt, gibt es auch Auswirkungen auf das soziale Gefüge mit den »normalen« Schülern. Lilly berichtete ab und an, dass sie und ihre Klassenkameraden von den anderen Schülern ihrer Jahresstufe ausgegrenzt wurden. Das hat sich zwar glücklicherweise inzwischen gegeben, aber in meiner Naivität hatte ich damals an so etwas gar nicht gedacht. Es ist auch nicht so einfach, auf einmal nicht mehr zu den Besten zu gehören, wenn man sich unter lauter hochbegabten Schülern befindet. Der Leistungsdruck ist ungleich höher. Außerdem mussten wir feststellen, dass ein Großteil der Kinder zwar in einigen Bereichen ähnlich tickte, aber sich die Lebensgeschichten mit unserer nicht vergleichen ließen. Kinder mit so vielen Geschwistern sind dort eher eine Seltenheit und auch das Einkommen ließ sich nicht mit unserem vergleichen. Ergo waren auch die Probleme der Kinder andere. Trotzdem lebte sich Lilly ein und kann sich inzwischen mit der Schule identifizieren.

Ähnlich kompliziert, wenn nicht noch schwieriger, war es mit Angelina. Zunächst bekam sie in dem Kindergarten, den auch Lilly besuchte, einen Platz als Geschwisterkind. Doch es dauerte nicht lange, bis mich eine Erzieherin beiseitenahm. »Angelina spielt nicht mit den anderen Kindern«, teilte sie mir mit, »und sie ist mit der Sprachentwicklung weit hinterher. Sie sollten sie in eine Fördereinrichtung geben.« Innerlich seufzte ich und wehrte zunächst ab. Allerdings wurde es auch die nächsten Monate nicht besser und wir fügten uns und fragten in der SVE an, die wir schon von Jonas kannten. Diese hatte glücklicherweise einen freien Platz und Angelina bekam sogar dieselbe Erzieherin, die Jonas schon gehabt hatte. Mir gefiel das alles dennoch gar nicht. Klar, ich war nicht blind und sah auch, dass Angelina Defizite hatte; dafür war sie auch in Ergotherapie und auch bei einer Logopädin. Außerdem war ihr Verhalten teilweise sehr … originell. So kommunizierte sie immer mal wieder in Tierlauten und antwortete mit einem Fauchen, wenn ihr etwas zuwider war. Außerdem brachten sie Dinge aus der Fassung, die ihre Schwestern gelassen hinnahmen. Das konnte eine Abweichung in der Essenszeit sein oder auch, wenn eine ihrer Lieblingszutaten zur Neige ging. Wie in vielen Familien war auch bei uns eine bestimmte Schokocreme eine Zeit lang sehr beliebt, und da sie glutenfrei ist, erlaubte ich sie den Kindern gerne. Eine Abweichung ihres Frühstücks konnte jedoch für Dramen sorgen. Trotzdem sah ich große Unterschiede im Vergleich zu den anderen Kindern in der SVE, die irgendwie andersgeartete Schwierigkeiten hatten.

Einmal besuchte ich ein Elternfrühstück in dieser Einrichtung und fühlte mich wieder einmal komplett fremd, aber auf ganz andere Art, vergleichbar wie damals mit den Bewohnerinnen im Mutter-Kind-Heim. In der ersten Einrichtung, die Jonas damals besucht hatte, waren Eltern, die sehr bemüht um ihre Kinder waren, und jeder freute sich, wenn ein Kind einen weiteren Entwicklungsschritt bewältigte. In dieser Gruppe war es nicht so, dass sich die Eltern nicht auch freuten, aber dennoch hatte ich keinen Zugang zu ihnen, was unter anderem an den Gesprächsthemen lag. Mich interessierte beispielsweise nicht, wer wann zu welcher Kirchweih geht, und so besuchte ich kein weiteres Elternfrühstück mehr.

In der Zwischenzeit wurden auch mit Angelina Tests durchgeführt und eines Tages bat man uns zum Gespräch. Ich dachte, es würde nur um die Einschulung gehen, die demnächst anstand. Darum ging es zwar auch, aber ich kam nicht umhin, mich wie in einer Zeitschleife zu fühlen, denn man konfrontierte mich mit Problemen ähnlicher Art wie damals bei Jonas. Das Testergebnis offenbarte einen IQ von mehr als 120 und damit wäre Angelina völlig falsch in der Fördereinrichtung. Man hatte sich von ihren Sprachschwierigkeiten, die wahrscheinlich von einer verbalen Entwicklungsdyspraxie herrührten, irreführen lassen. Die Ursache dafür konnte uns bisher niemand erklären; es äußerte sich bei Angelina so, dass sie Mühe hatte, Wörter deutlich auszusprechen. Ich merkte tatsächlich, dass sie auf »einfache Sprache« auswich, wenn sie merkte, dass sie ein Wort nicht herausbekam. Einmal meinte ich rauszuhören, dass sie Einkaufszentrum meinte, dann aber aufgab und schlicht »Laden« sagte. Doch das kleine Mädchen war schlauer, als wir alle dachten – mich eingeschlossen –, und beschämt dachte ich daran, dass es für mich auch völlig in Ordnung gewesen wäre, ein geistig behindertes Kind zu haben. Davon sind wir nach der Frühgeburt und nach vergangenen Tests tatsächlich ausgegangen. Demzufolge hatten wir gar nicht daran gedacht, dass auch Angelina ein intelligentes Mädchen sein könnte. Allerdings war sie jetzt, kurz vor der Einschulung, immer noch so klein und zierlich und wenig wehrfähig, dass man die Sorge hatte, dass sie nicht die »Schulhofreife« besitzen würde. Diese Sorge hatten wir auch und wir und das Team der Einrichtung beschlossen deshalb, sie für ein Jahr zurückzustellen, was auch reibungslos funktionierte.

Heute hätte ich wahrscheinlich anders entschieden, denn meine Einstellung zu Fördereinrichtungen hat sich grundlegend geändert – ich bin eine Verfechterin von Inklusion geworden. Wenn ich davon höre, wie schwierig Inklusion umzusetzen ist, dann sage ich immer, dass wir keine Inklusion haben, solange wir noch ständig darüber sprechen müssen. Jedenfalls funktionierte es damals nur noch für eine gewisse Zeit in der SVE, denn dann überschlugen sich die Ereignisse. Angelina wurde auf Zöliakie getestet und nach der Ernährungsumstellung machte sie einen so großen Entwicklungssprung, dass sie als fast siebenjähriges Kind nun völlig falsch in der Einrichtung war.

Nun war guter Rat teuer. Quereinschulen ging nicht, da man hier in Bayern ein Kind nicht zurückstellen lassen kann, um es ein halbes Jahr später einzuschulen. Wir suchten fieberhaft nach einer Lösung und auch jetzt kam uns der Zufall zu Hilfe: Wir erfuhren von einer Privatschule, die auch bereit war, Angelina aufzunehmen. Nicht ganz billig, natürlich, aber für das Wohl unseres Kindes waren wir bereit, uns finanziell und zeitlich – der Weg dorthin nahm einige Zeit in Anspruch – noch weiter einzuschränken. Zu sparen waren wir gewohnt oder, besser gesagt, wir waren es gewohnt, nie Geld zum Sparen zur Verfügung zu haben. Am Ende des Monats wurde es oft knapp. Einmal besuchten wir sogar die Tafel, aber bei diesem einen Mal blieb es auch. Die Blicke waren zu unangenehm. Den Kindern war unsere Geldknappheit durchaus bewusst und sobald sie in der Lage waren, trugen sie Zeitungen aus, betreuten kleine Kinder oder gaben Nachhilfe.

Die erste Zeit gefiel es Angelina in der Privatschule auch sehr gut, aber sie hatte noch körperliche Einschränkungen und eine davon war, dass sie Probleme hatte, schnell genug auf die Toilette zu kommen. Eines Tages geschah dann das Schlimmste für sie: Die Lehrerin ließ sie nicht gehen und das Wasser lief und hinterließ eine Pfütze auf dem Boden. Die Lehrerin schimpfte sie aus und ließ sie vor den Augen der Kinder, die im Kreis um sie herumstanden und lachten, das Malheur aufwischen. Eine Entschuldigung kam nicht, und da wir so nicht mehr hinter dem Konzept der Schule stehen konnten und Angelina durch die nun langjährige Logopädie besser sprechen konnte, ließen wir sie zur dritten Klasse in die Grundschule wechseln, die auch schon Jonas und Miriam besucht hatten. Aber auch dort fühlte sich Angelina nicht wohl. Sie kam als Nachzüglerin in eine gefestigte Klassengemeinschaft und fand keinen richtigen Zugang zu den anderen Kindern. Außerdem hatte sie Probleme mit der Orientierung, was für sie zu viel Stress führte, denn es war für sie wichtig, schnell eine Toilette erreichen zu können.

Irgendwann fing sie an, täglich Bauchschmerzen zu haben und sich sogar zu übergeben. Das ging monatelang und wir stellten sie allen möglichen Ärzten vor. Auch mehrere Krankenhausaufenthalte waren dabei und schließlich wurde eine Magen-Darm-Spiegelung gemacht, bis dann endlich feststand: Die Beschwerden mussten psychosomatisch bedingt sein. So wurde sie – da war sie nun bereits in der vierten Klasse – stationär in die psychosomatische Abteilung der Kinderklinik eingewiesen. Dort fiel ihr Verhalten, welches wir schon ihr ganzes Leben beobachtet hatten, auch auf – wir wussten es nur nie richtig zuzuordnen. Kam es durch die Frühgeburt oder möglicherweise ... vielleicht ... auch vom Autismus, denn das vermutete der Kinderarzt? Wir sprachen es an, aber man wiegelte ab. In der Klinik testete man nicht auf so etwas, sondern arbeitete nach dem Buch *Rote Karte für den Schmerz*.

Wie damals bei Jonas war ich froh, dass Angelina aus der Schule erstmal herauskam, und ließ die Untersuchungen in der Klinik laufen. Dort häuften sich allerdings Situationen, bei denen ich mich fragte, ob tatsächlich wirklich richtig mit ihnen umgegangen wurde. Zunächst fiel uns auf, dass Angelina dort mehrmals heftige Bauchkrämpfe hatte, sodass wir vermuteten, dass hier nicht so streng darauf geachtet wurde, dass Angelinas Geschirr und Essen nicht mit glutenhaltigen Lebensmitteln in Berührung kam. Irgendwann stand beim Abendessen dann einmal versehentlich Marmelade auf dem Tisch, und als Angelina sie sich auf ihr Diät-Brot strich, griff auch ein übergewichtiges Kind danach. In dem Moment fiel den Pflegern auf, dass sie einen Fehler gemacht hatten, und sie forderten Angelina auf, ihr Brot wegzuwerfen. Angelina war auf vielerlei Art empört: Erstens, Essen würde sie nicht wegwerfen – und so wickelte sie ihr Brot in Alufolie –, und zweitens, auch sie müsse lebenslänglich eine bestimmte Diät einhalten, aber deshalb machten doch die anderen Kinder auch keine Diät. Die Pfleger empfanden sie als frech und forderten sie auf, sich für zehn Minuten auf den »stillen Stuhl« zu setzen. Das führte zu noch mehr Empörung bei Angelina, die sich völlig ungerecht behandelt fühlte. Sie weigerte sich. Danach wollte man sie dazu zwingen, sich 20 Minuten auf den Stepper zu begeben. Sport als Strafe? Angelina empörte sich noch mehr und sollte nun auf ihr Zimmer. »Was jetzt? Auch noch Freiheitsberaubung? Da muss ich meine Mutter fragen, ob das erlaubt ist, die studiert Jura!«, schnaubte sie. Die Pfleger versuchten es nun damit, sie als Strafe eine Stunde länger als alle anderen Kinder auf Station zu lassen, bevor sie ins Wochenende gehen und abgeholt werden könne. »Ach, Sie möchten also Überstunden machen?«, fragte Angelina nun und danach erfolgte mal wieder ein Anruf bei uns, dass wir sie zur Räson bringen sollten. Rolf lachte nur und fragte Angelina: »Das Übliche?« Sie bestätigte es nur und er bat sie, ruhig zu sein, was sie dann auch ihm zuliebe tat.

Am Ende der Zeit waren immerhin die Bauchschmerzen weg und sie ging wieder zur Schule, aber nur deshalb, weil es schon kurz vor den Sommerferien war und der Schulwechsel auf das Gymnasium anstand. Dennoch stand im Arztbrief, dass man sie in eine Wohngruppe geben müsse, wenn wir Eltern nicht einen Erziehungsbeistand in Anspruch nehmen würden. Wir taten es nicht. Rolf und ich diskutierten darüber ausführlich. Inzwischen war ich mir aber so sicher, dass ich mein Kind besser kennen würde als die Ärzte und Therapeuten, die es nach Schema X (so mein Eindruck) behandelten, und entschied mich, so zu handeln, wie ich es für richtig empfinde. Trotzdem blieb und bleibt immer die Angst, es nicht richtig zu machen, vielleicht dem Kind doch zu schaden. Letztendlich haben wir richtig gehandelt: Ab dem Moment, in dem Angelina nun dasselbe Gymnasium wie Jonas, Miriam und damals noch Lilly besuchte, ging es ihr gut – zumindest, was die Schule betraf. Die Anwesenheit der Geschwister, die in den Pausen auch immer mal wieder nach ihr schauten, beruhigte sie. Außerdem war sie wie alle anderen Kinder ihrer Klasse »neu« auf der Schule, sodass sie sich nicht so sehr wie eine Außenseiterin fühlte. Ein paar körperliche Einschränkungen blieben und sie hat noch immer ein sehr eigenwilliges, aber liebenswertes und vor allem temperamentvolles Wesen.

Zwischen all die Schulgeschichten der Kinder sollte sich noch meine hinzufügen. Als ich mit 34 Jahren meinen zweiten »ersten Schultag« in der Berufsoberschule hatte, war Jonas gerade auf das Gymnasium übergetreten, Miriam war in der vierten Klasse, Lilly in der zweiten Klasse und Angelina noch in dem Kindergarten, den auch Lilly besucht hatte. Irgendwie erschien mir das Projekt »Abitur« sehr gewagt, aber ich sah für mich keine andere Wahl. Zu Beginn war ich sehr aufgeregt, war ich doch mit Abstand die älteste Schülerin in der Klasse und selbstverständlich die einzige Mutter, aber die Vorfreude auf das Lernen überwog. Der stellvertretende Direktor dämpfte diese Vorfreude jedoch, indem er grinsend vor die Klasse trat und posaunte: »Schauen Sie sich Ihre Mitschüler links und rechts von Ihnen noch mal genauer an. Nach der Probezeit wird einer von denen fehlen!« Ach ja, die Probezeit. Diese betrug drei Monate und verlangte bestimmte Noten. Der Druck für mich war also extrem hoch und in all dem Wirbel, in dem ich mit meinen Kindern steckte, machte ich zuverlässig meine Hausaufgaben, obwohl sie mich manchmal doch nervten. So konnte ich auf einmal meine Kinder besser verstehen, die auch nicht nur mit Begeisterung lernten. Auf einmal waren wir im »gleichen Boot« und jeder fieberte mit jedem bei den Klassenarbeiten und Noten mit. So hatte ich einerseits viel Verständnis für die Kinder und sie für mich, andererseits dachte ich mir: »Wenn ich das schaffe, dann schaffen sie es auch.« Das war ein guter Gedanke, denn meiner Ansicht nach vermittelte ich ihnen damit das Selbstvertrauen, keine Zweifel an ihrer Leistungsfähigkeit zu haben. Wenn ich das heute sage, wird mir das allerdings manchmal – vorzugsweise von Lilly – als Druck ausgelegt. »Wenn du die Latte so hoch hängst, Mama … das ist schon nicht einfach!« Einfach war es allerdings auch für mich wirklich nicht.

Eines Tages saß ich erschöpft auf einem Stuhl, das Gesicht in den Händen. Eine Lehrerin kam vorbei, sah mich und meinte bewundernd: »Wie schaffen Sie das bloß, Frau Opitz-Kittel?« Ich hob das Gesicht: »Ich weiß es ehrlich nicht.« Ich gestand mir einfach nicht zu, aufzugeben, was aber auch für die ganze Familie viel Stress bedeutete. Vor allem wegen der vielen Termine mit den Kindern, die ja doch nicht vernachlässigt werden durften. Gut war, dass Rolf sie oft wahrnehmen konnte, weil er durch den Nachtdienst tagsüber mehr oder weniger zur Verfügung stand. Er hat mir nie Vorwürfe gemacht, dass er dadurch, dass ich in die Schule ging, noch mehr familiäre Aufgaben übernehmen musste. Ich glaube, er hat immer gespürt, wie wichtig das für mich war. Nur manchmal waren er und die Kinder auch genervt von mir: wenn ich mal wieder felsenfest davon überzeugt war, eine schlechte Note geschrieben zu haben. Letztendlich war dies doch so gut wie nie der Fall. Trotzdem rannte ich oft mit den Händen flatternd durch die Wohnung, weil ich so aufgeregt war. Die Kinder beruhigten mich dann und rannten zeitweise auch flatternd und belustigt durch die Wohnung. Teilweise musste ich dann selbst lachen, denn sie führten mir vor Augen, wie übertrieben meine Ängste waren.

Eine große Unterstützung waren ein paar Lehrer an der BOS. Durch mein Alter hatte ich eine Sonderstellung, denn die anderen Schüler waren ja jünger und ich war sogar älter als manche Lehrer. Besonders »ins Herz geschlossen« hatte ich meinen Mathelehrer Andreas, mit dem ich noch immer in Kontakt bin und der mir ausdrücklich erlaubt hat, ihn zu erwähnen (damals duzte ich ihn natürlich nicht, das kam erst nach der Schulzeit). Ich wusste, dass es mit Mathe schwierig werden würde, war ich doch schon so lange Zeit aus der Schule heraus. Außerdem war ich nur auf einer Realschule in Hessen gewesen und dazu hatte ich die elfte Klasse ausgelassen, in der noch mal grundlegende Dinge vermittelt wurden. Des Weiteren hatte ich die hochgezogenen Augenbrauen meines ehemaligen Mathelehrers aus der Realschule noch in Erinnerung, der sich über meine »außergewöhnlichen« Lösungswege mokierte. Die zwölfte Klasse hatte ich bestanden, aber auf die dreizehnte Klasse kam es letztendlich an und ich hatte eine Heidenangst, das Abitur nicht zu bestehen. Als Andreas die Klasse betrat, sah ich, wie sich meine Mitschüler ansahen. Das konnte was werden! Deutlich war, dass er schon um das Rentenalter herum war, ziemlich zerstreut wirkte und leicht zitterte. Aber dann machte er den Mund auf und vom ersten Moment an fesselte er mich: Niemand kann so gut (haarsträubende) Geschichten erzählen wie Andreas, die er regelmäßig in den Unterricht mit einband und ihn dadurch spannend hielt, denn selbst die kompliziertesten Berechnungen schmückte er noch mit seinem reichhaltigen Erfahrungsschatz aus. Jeder wusste, dass er an Diabetes leidet, und als er mal während einer Deutschschulaufgabe Aufsicht hatte, durchstöberte er die Vorräte der Schüler, die vor ihnen auf den Tischen lagen, und zwar auf eine enorm goldige Art. So besorgte ich mir vorsorglich ein paar für Diabetiker geeignete Leckereien für den Fall, dass er auch einmal bei mir stöbern würde. Was er auch tat. Weshalb er ausgerechnet mit mir Kontakt hält, erklärt sich mir nicht so ganz, denn ich brillierte in seinem Unterricht nicht. Ich war froh, im vorderen Drittel zu sein, das genügte. Es gab noch ein paar andere Lehrer, von denen ich mich unterstützt gefühlt habe … aber ich kann auch meine Kinder inzwischen gut verstehen, wenn sie eine Abneigung gegen bestimmte Lehrer verspüren. Früher hätte ich da abgewimmelt, aber jetzt wurde mir noch mal ins Gedächtnis gerufen, wie anstrengend manche Lehrer sein können.

Kurz vor dem Abitur wurde es noch mal aufregend. Eigentlich hätte ich lernen müssen, aber gleichzeitig eskalierte es gerade wieder bei Jonas und in seinem Gymnasium. Er war schon öfter auffällig gewesen und besuchte zeitweilig auch stationär die KJP. Während der Abiturphase suchte ich für ihn ein anderes Gymnasium. Vielleicht war das auch ganz gut, denn so konnte ich mich nicht in meine Angst vor den Abiturprüfungen hineinsteigern. Ich hatte vier Prüfungsfächer: Deutsch, Englisch, Mathematik und BWL. Bei Deutsch machte ich mir keine Gedanken, ebenso wenig bei BWL und in Mathe war ich letztendlich auch nicht mehr schlecht. Außerdem wusste ich, dass Andreas die Aufsicht haben würde – das beruhigte mich sehr. Aber Englisch bereitete mir Sorgen, denn ich musste dazu auch eine mündliche Prüfung, eine »Discussion« ablegen. Hier beichte ich es zum ersten Mal öffentlich: Vor der Prüfung brachte ein Mitschüler eine Flasche Haselnussschnaps mit und verteilte ihn großzügig. Ich nahm auch ein Glas und ich weiß nicht, ob es daran lag, aber ich konnte die »Discussion« mit 10 Punkten bestehen. Bitte nicht falsch verstehen – das soll natürlich keine Aufforderung sein, vor Prüfungen Alkohol zu trinken.

Nach den schriftlichen Prüfungen war ich allerdings überzeugt, durch das Abitur gefallen zu sein, sogar in Deutsch. Zur Verkündung der Noten machte ich etwas, was ich vorher nie gemacht hatte: Ich nahm Miriam mit in meine Schule und zu diesem Zeitpunkt hatte auch niemand etwas dagegen. Meine Intention dabei: Ich habe gemerkt, dass ich in meiner Rolle als Mutter stabiler bin. Wenn eines meiner Kinder in für mich schwierigen Situationen dabei war, fiel es mir leichter, fokussiert und ruhig zu bleiben und mich auf meine Rolle als Mutter zu konzentrieren und diese Rolle irgendwie auf die schwierige Situation zu übertragen. So saß also Miriam inmitten meiner Mitschüler, als die Lehrerin mich nach vorne rief. Ich betrachtete die Noten und gleichzeitig achtete ich auf Miriam, die sich sichtlich wohlfühlte und mit den anderen Schülern plauderte. Ich schaute sie streng an und hielt den Finger auf den Mund und aus den Augenwinkeln sah ich, wie die Lehrerin schmunzelte. Eine wirklich seltsame Situation. Als ich meine Noten endlich erfasste, war ich erleichtert: Ich hatte bestanden. Jubelnd rief ich zu Hause an, aber niemand freute sich mit mir. Zumindest gab es keine Freudenschreie oder Jubelrufe. Rolf erklärte es mir: »Wir sind alle so ruhig, weil wir nichts anderes von dir erwartet haben.«

Für mich war das Abitur ein großer Schritt. Ich hatte etwas geschafft, was mir von meinem Vater und meiner Stiefmutter nicht zugetraut wurde. Es hat mir einiges an Selbstvertrauen zurückgegeben. Dass Miriam ein paar Jahre später ähnliche Gedanken plagen könnten, daran dachte ich zu diesem Zeitpunkt nicht. Mit 16 Jahren kam sie eines Tages zu mir und meinte: »Mama, meine Geschwister sind alle getestet. Ich möchte auch getestet werden!« Ich verstand sie, hatte aber auch Angst vor dem Termin. Was wäre, wenn eine Zahl herauskäme, mit der sie Schwierigkeiten hätte? Ich hatte Sorge, dass es zu Problemen und Vergleichen zwischen den Geschwistern kommen würde – und überhaupt: Wie würde es sich auf ihr Selbstbewusstsein auswirken, nicht hochbegabt zu sein wie ihre jüngere Schwester? Dennoch konnte ich ihr den Wunsch nicht abschlagen und machte einen privaten Termin bei einer Begabungspsychologin aus. Deswegen zum

Kinderpsychiater zu diesem Zeitpunkt zu gehen, erschien mir lächerlich.

Vor dem Test waren wir alle sehr aufgeregt, und als es losging, warteten Rolf und ich im Wartezimmer. Ich hatte Magenschmerzen und die Zeit verging einfach nicht. Als wir endlich zum Auswertungsgespräch hineingerufen wurden, zitterte ich. Aber alle Aufregung war umsonst. Die Begabungspsychologin gratulierte uns zu unserer wundervollen Tochter und zeigte sich beeindruckt. Einen IQ von über 140 sieht auch sie nicht jeden Tag in ihrer Praxis. Miriam jedoch funkelte mich an: »Das hast du nicht geglaubt, stimmt's Mama?« Ich wusste nicht, was ich sagen sollte. Es war nicht so, dass ich nicht an sie geglaubt hätte, ich verband es nur mit weiteren Schwierigkeiten. Im Nachhinein denke ich aber, dass es auch gut war, es vorher nicht konkret gewusst zu haben. Vielleicht hätte ich dann immer das Gefühl gehabt, mehr von ihr verlangen zu müssen. Vielleicht ist sie gerade dadurch, dass ich das eben nicht getan habe, so entspannt durch die Schulzeit gekommen.

Dennoch hoffe ich, dass ich ihr und den anderen Kindern meine Liebe zeigen konnte. Bei jedem einzelnen Kind habe ich mit Rolf zusammen abgewogen, was die beste Lösung für jede Situation sein könnte. Ich weiß, dass nicht alle meine Entscheidungen richtig waren, aber ich habe es mir nie leicht gemacht. Vermutlich zeigt sich meine Liebe im Handeln. Worte bedeuten mir nicht viel, wenn sie nur dahingesagt werden, ohne dass Taten folgen. Für mich war und ist es immer wichtig, meine Kinder so gut es eben geht auf das Leben vorzubereiten. Mir war immer bewusst, dass ich ihnen nicht mehr mitgeben kann als das Rüstzeug (beispielsweise in Form von Bildung), mit dem sie sich später alles selbst erarbeiten können. Außerdem das Wissen, dass es für jedes Problem eine Lösung gibt – und wenn es nur die Akzeptanz ist. Das ist mir sogar wichtiger, als wenn ich ihnen ein Vermögen geben könnte – denn das kann man jederzeit verlieren. Trotzdem bleibt ein wenig Angst vor der Zukunft, aber wenn ich zurückblicke, was Rolf und ich zusammen alles gemeistert haben, habe ich das gute Gefühl, dass wir auch weiterhin für uns annehmbare Lösungen finden können.

UND DANN TRAF ICH IHN

Der erste Mann in meinem Leben war mein Vater. Wie schon erwähnt, hatten wir keine gute Beziehung, keine Bindung und ich habe mich oft unwohl in seiner Nähe gefühlt. Er hat mir nie Sicherheit und Schutz gegeben, im Gegenteil. Somit habe ich heute auch keinen Kontakt mehr zu ihm.

Meinen ersten Freund suchte ich mir systematisch aus. Ich war damals bereits in der Ausbildung und alle Mädchen meines Alters, die ich kannte, hatten schon einen Freund. Einen guten Charakter sollte er haben und so fiel meine Wahl auf einen sehr christlichen Jungen, von dem ich annahm, dass er meine Erwartungen erfüllen würde. Zwar konnte ich mit der Religion immer noch nicht viel anfangen, aber ich hoffte, dass dieser Junge so wäre, wie ich mir einen ehrlichen, gerechtig- keits- und nächstenliebenden Menschen vorstelle. Allerdings wurde auch mir irgendwann klar, dass man auf dieser Basis keine Beziehung führen kann und dass meine Erwartungen mit der Realität nichts zu tun hatten. Wir trennten uns. An- schließend fiel ich auf einen Mann herein, der sich zunächst sehr schmeichelnd gab, aber sehr schnell zuschlug, wenn ich etwas tat, was ihm nicht passte. Einmal suchte ich anschließend tatsächlich bei meinem Vater Hilfe, aber er zuckte nur die Achseln und meinte: »Du wirst es verdient haben!«

Der nächste Mann, den ich mir aussuchte, war zwar sehr zuverlässig, aber auch pingelig und besitzergreifend und verhielt sich ebenfalls aggressiv mir gegenüber, sodass ich mich wieder trennte.

Anschließend gab es noch ein paar kurze Beziehungen und im Grunde waren die Männer zwar an sich sehr unterschiedlich, aber alle nicht gut für mich. Bis ich schließlich Rolf traf, der mich auf irgendeine Art »spiegelt« und bei dem ich mich sicher und geborgen fühle.

ROLF

Ich heiße Rolf. Ich war 22 Jahre alt, als ich im Jahr 2001 meine Frau kennenlernte. Ich arbeitete damals nach meinem Abitur und knapp einem Jahr bei der Bundeswehr in einem Callcenter für die Telefonauskunft. Hier traf ich Birke das erste Mal. Einer meiner Supervisoren führte eine junge Frau in das Großraumbüro und fragte, wer sie einlernen könne. Ich fand sie äußerst attraktiv, und nachdem sie selbst noch einmal in den Raum gerufen hatte: »Wer will mich?«, erklärte ich mich sofort bereit dazu. Dass ich sie überhaupt kennengelernt habe, ist nur dem glücklichen Zufall zu verdanken, dass ich am Tag zuvor aus dem Nachtdienst ausgetreten bin und so meinen ersten Tagdienst hatte.

Von unserer Arbeitsweise her konnten wir unterschiedlicher nicht sein. In meinen Augen war sie überkorrekt, konnte niemanden aus der Leitung werfen, selbst wenn sie beleidigt wurde, und hatte immer einen zum Bersten gefüllten Aktenordner dabei, der sämtliche Anweisungen und Verbote enthielt. Ich hingegen bevorzugte eine … sagen wir … »lockere« Arbeitsweise. Die Einarbeitung verlief gut und schnell. Eigentlich war sie nach wenigen Tagen erledigt. Mit der Zeit merkte ich, dass ich mich immer sehr freute, wenn Birke ins Büro kam. Sie arbeitete nur stundenweise und so vermisste ich sie letztendlich sogar regelrecht, wenn sie nicht da war.

Birke erzählte mir, dass sie drei Kinder habe und verheiratet sei – wobei sich immer mehr herausstellte, dass es in der Ehe stark kriselte. Zu Beginn hätte ich mir gar nicht vorstellen können, mit ihr zusammenzukommen, allein schon wegen der Kinder. Ich lebte damals noch bei meiner Mutter und über unserer Wohnung wohnte eine Familie mit mehreren Kleinkindern, die einen Heidenkrach veranstalteten. Somit hatte ich Kinder nur als nervig im Hinterkopf. Im Laufe der Zeit lernte ich Birke jedoch immer besser kennen und hatte das Gefühl – Kinder hin oder her –, mich in sie verliebt zu haben. Ich wusste allerdings nicht so recht, wie und ob überhaupt ich es hätte angehen können, und so bat ich eine Arbeitskollegin, die im Laufe der Zeit zu einer guten Freundin geworden war, um Rat. Sie riet mir, es offen bei ihr anzusprechen, was ich auch tat. Birke erwiderte meine Gefühle, trennte sich von ihrem Ehemann und seit diesem Tag sind wir praktisch unzertrennlich.

Aber ich hatte nach wie vor die Kinder im Hinterkopf – jetzt nur anders. Ich machte mir Sorgen. Wie würden sie reagieren? Als ich Birke zum ersten Mal zu Hause besuchte, bekam ich fast einen Herzinfarkt, als ich sah, wie die einjährige Miriam mit rasantem

Tempo die Treppe im Haus rückwärts hinunterkletterte. Praktisch sofort erwachte eine Art Vaterinstinkt in mir, denn ich hatte Angst um die Kleine und nahm an, sie retten zu müssen. Birke lachte nur: »Sie kann das, keine Sorge.« Ab diesem Zeitpunkt war ich von Miriam fasziniert und auch die anderen Kinder schloss ich schnell in mein Herz. Zuerst war ich ihnen eine Art Freund, später übernahm ich jedoch immer mehr die Vaterrolle, denn ihr leiblicher Vater war so gut wie nie da. Trotzdem war es eine große Umstellung für mich. Bis dato musste ich nur Verantwortung für mich übernehmen, jetzt hatte ich auf einmal eine Großfamilie. Merkwürdigerweise fühlte ich mich jedoch nie überfordert, eher permanent herausgefordert.

Viel Zeit für uns hatten Birke und ich wegen der Kinder nie, aber das machte uns nichts aus, denn wir verstanden uns von Anfang an blind, so, als würden wir uns schon ein Leben lang kennen. Vielleicht liegt es auch an der klaren Kommunikation von Birke und dass sie sagt, was sie denkt. Bei ihr gibt es keine versteckten Andeutungen und Rätsel. Dies macht es für mich so einfach, sie zu lesen. Ein Vorteil ist sicherlich, dass auch ich eher introvertiert bin. Ich bin zufrieden, wenn ich bei meiner Familie daheim sein kann. Birke und ich ergänzen uns gegenseitig. Wenn Birke manche Alltagssituationen an ihre Grenzen bringen, verstehe ich meist, was der Auslöser ist, und kann so reagieren. In vielen Situationen ist sie dagegen mit ihrer pragmatischen, planvollen Art meine Stütze. Sie sieht Lösungen und Muster, die ich nicht sehe. Das macht das Leben mit ihr spannend und bereichernd. Oft bringt sie mich – meist ungewollt – zum Lachen und auch dafür liebe ich sie.

BIRKE

Als mir Rolf zum ersten Mal vorgestellt wurde, sah ich einen großen, schlanken, gutaussehenden Mann, der sich augenscheinlich nicht an die Regeln hielt. Im Callcenter war Businesskleidung vorgeschrieben, die er zwar anhatte, aber er hatte die Krawatte gelockert, die Ärmel seines Hemds hochgeschlagen und das Hemd selbst hing lose über der Hose. Ich erwartete, dass unser Supervisor ihn darauf hinweisen würde, aber der nickte Rolf nur zu und ließ uns dann stehen. Rolf zog einen zweiten Stuhl an seinen Schreibtisch und bat mich, mich für die Einarbeitung neben ihn zu setzen. Als ich seinen Telefongesprächen lauschte, fiel mir gleich der nächste Regelverstoß auf: Anstatt dem Teilnehmer, der ein Computerproblem hatte, die Nummer einer Computerhilfe zu geben, beriet er ihn gleich selbst.

Ich fragte nach: »Weshalb machst du das? Das ist doch verboten!« Er schmunzelte nur. »Wenn er bei dieser Computerhilfe anruft, muss er noch viel mehr blechen und ich konnte doch das Problem schnell lösen.« Das stimmte. Hin- und hergerissen ob der ganzen Verstöße und der gleichzeitig so charmanten Art arrangierte ich mich neben ihm; und weil er mir nach der Einarbeitungszeit so vertraut schien, setzte ich mich auch bei meinen weiteren Arbeitsschichten neben ihn. Er war immer darüber informiert, wann ich meine nächste Schicht antreten würde, und hielt mir in dem riesigen Großraumbüro mit um die 100 Plätze dann den Stuhl neben sich frei. Er übertrat ständig kleine Regeln, wie ich es im Leben nicht getan hätte. So aß er ganz offen die Gummi-bärchen, die eine andere Supervisorin für ihre Gruppe hin-gestellt hatte. Diese sprach ihn auch darauf an: »Hey, was soll das? Ich bin nicht *deine* Supervisorin, du gehörst nicht zur Gruppe!« Rolf lächelte sie an und sagte ganz freundlich: »Aber ich wäre es so gerne!« Die Supervisorin schmolz merk-lich dahin.

Ein paar Tage später bekam ich mit, dass die Supervisorin extra scharfe Gummibärchen hinstellte, um Rolf davon ab-zubringen, welche zu essen. Doch sie konnte nur resigniert seufzen, als Rolf wieder zugriff und »Mh, köstlich!« ausrief. Bei mir löste das ein erschrockenes und fasziniertes Gefühl zugleich aus. Niemals hätte ich mich so verhalten. Rolf be-merkte natürlich, dass ich Probleme mit seinen Grenzüber-schreitungen hatte, und eines Tages tat er etwas, was mir fast das Herz stehen ließ. Es gab eine Regel im Callcenter, auf die zu brechen die »Todesstrafe« – also, die Kündigung – stand. Kein Anrufer durfte aus der Leitung geschmissen werden und ich tat es auch nie – selbst wenn die Anrufer verbal aggressiv wurden. Als ich bei einem meiner Gespräche mal wieder be-leidigt wurde, telefonierte ich also trotzdem brav nach An-weisung, bis Rolf sich plötzlich über mich beugte und mit einem Knopfdruck meinen Gesprächsteilnehmer aus der Leitung warf. Erschüttert blickte ich mich um. Hatte es ein Supervisor gesehen? Tatsächlich stürmte eine Supervisorin vorbei und sah mein Gesicht, auf dem wohl eindeutig »schul-dig« stand. Sie sah aber nur, dass Rolf immer noch eng bei mir stand und rief: »Auseinander, ihr zwei!« Glück gehabt, sie hatte es nicht mitbekommen.

Es dauerte nicht lange, bis wir zusammenkamen, obwohl wir beide zunächst unsicher waren, wie denn der jeweils andere auf ein »Liebesgeständnis« reagieren würde. Seltsamerweise wandte auch ich mich an die Arbeitskollegin, die regelmäßig mit Rolf zusammenarbeitete und mit der wir auch unsere Pausen verbrachten. Ich erzählte ihr, dass ich absolut verwirrt sei und anscheinend Gefühle für Rolf entwickelt hätte, obwohl er doch über drei Jahre jünger ist als ich und ich dazu die Verantwortung für bis dato drei Kinder trug. Sie verstand meinen Gefühlswirrwarr, aber kurze Zeit später zog sie mich beiseite. »Du wirst es nicht glauben«, meinte sie aufgeregt. »Rolf ist zu mir gekommen und hat mir erzählt, dass er in dich verliebt sei!« Ich wagte kaum nachzufragen. »Und dann?«, brachte ich doch heraus. »Dann habe ich ihm gesagt, dass er auf dich zugehen und es dir sagen soll!« So kam es auch.

Es war schon fast Mitternacht in der Spätschicht und das Großraumbüro war bis auf wenige Kollegen leer, als er auf einmal meine Hand ergriff. »Ich muss dir was sagen«, brachte er zittrig hervor. »Ich habe mich in dich verliebt.« Ich lächelte und sagte: »Ich mich auch in dich.« Als wir nach der Schicht die Firma verließen und auf dem dunklen, großen, fast leeren Parkplatz standen, zog er mich an sich und küsste mich. Es fühlte sich so selbstverständlich und normal an. Von da an trafen wir uns noch regelmäßig nach der Arbeit im nahegelegenen Park, was eine ganz besondere Atmosphäre hatte, denn es war ja mitten in der Nacht. Einmal hörten wir knirschende Schritte, sahen aber zunächst nichts. Dann trat ein Obdachloser in den Lichtschein einer

Lampe und murmelte nur: »Ach, ihr seid es« und entfernte sich wieder. Das war dann doch ein wenig gruselig. Irgendwann besuchte Rolf mich und die Kinder dann zu Hause und ab diesem Zeitpunkt war klar, dass wir zusammengehören.

Rolfs Art faszinierte mich von Anfang an. Es ist nicht so, dass er heute noch Grenzen überschreitet, nein. Aber er hat so eine unbekümmerte Art, sich keine Sorgen zu machen, die im krassen Gegensatz zu meiner grüblerischen Seite steht. Er hat sich eine Leichtigkeit bewahrt, die ich wahrscheinlich nie hatte, und er schafft es damit, mich von meinem ständigen Gedankenkarussell abzuhalten. Hinzu kommt, dass er sich ganz anders verhält als die Männer, die ich bisher kennengelernt und mit denen es nicht funktioniert hatte. Rolf ist fast immer durch und durch freundlich, gutmütig, sehr verlässlich, großzügig und treu – und damit sind wir uns sehr ähnlich. Als wir uns das erste Mal näherkamen, sagte er: »Wir müssen aber nicht sofort miteinander schlafen, ja?« Das überraschte und erleichterte mich, denn »Geduld« hatte ich diesbezüglich bei anderen Männern nie erlebt. Doch Rolf war anders. Ihm ging es nicht nur »um das Eine«. Ihm ging es offensichtlich um mich. Bisher war ich ausschließlich auf Männer getroffen, die überwiegend an sich dachten, aber Rolf ließ und lässt mir immer den Vortritt. Egal, ob es um den letzten Lieblingspudding, die Wahl des Fernsehprogramms oder um die Frage geht, wer zuerst ins Bad darf. Das weiß ich an ihm sehr zu schätzen und sage es ihm auch. Er lächelt mich in solchen Situationen dann glücklich an und ich fühle mich irgendwie doppelt belohnt.

Die erste kritische Situation zwischen uns gab es, als Rolf zwar bereits seinen Computer bei mir deponiert hatte, aber noch nicht bei mir wohnte. Bis dato hatte ich noch nie einen Computer besessen. Ich war sofort fasziniert und beschäftigte mich ausgiebig damit. Einmal sagte Rolf: »Bitte lass mich jetzt mal an den Computer, es ist schließlich meiner.« Ohne groß zu überlegen, stand ich auf, sagte »Bitte schön«, zog das Kabel aus der Steckdose und rief: »Aber es ist mein Strom.« Kindisch, werden jetzt manche denken. Für mich war es nur logisch. Er sprang auf und kurze Zeit hatte ich Angst, dass er mich schlagen würde, und schützte meinen Kopf mit meinen Armen. Da kam er langsam auf mich zu und nahm mich in den Arm. Von da an wusste ich: Egal, wie frech ich sein würde, Rolf würde mich niemals schlagen. Im Gegensatz zu heute war das für mich damals absolut keine Selbstverständlichkeit, im Gegenteil, für mich war es normal, dass die Männer zuschlugen. Ich kannte es nicht anders.

Rolf ging auch ganz anders mit Schwierigkeiten um, zum Beispiel solche, die die Kinder betrafen. Meine Ex-Partner waren in herausfordernden Situationen oft genervt und ließen mich damit allein. Mit Rolf war es anders: Wir suchten zusammen nach Lösungen.

Es gibt einen Punkt, in dem ich mich wahrscheinlich stark von anderen Frauen unterscheide: Ich habe keinen Sinn für Romantik und kann damit auch gar nichts anfangen. Dementsprechend wurde auch unsere Hochzeit geplant. Meinetwegen hätte ich einfach nur gerne auf einem Formular eine Unterschrift gesetzt – von mir aus auch per Briefpost –, aber das ist ja leider nicht möglich. Da mir das so unwichtig war, machte mir auch das Datum nichts aus: der 13. November. Ich brauchte weder schönes Wetter, noch bin ich abergläubisch. Zudem lag mein Fokus ganz woanders: Ich war nämlich schwanger mit Angelina.

Im Nachhinein gibt der Tag der Trauung uns übrigens Rätsel auf. Wir beide haben jahrelang fest daran geglaubt, dass wir an einem Freitag, den 13. geheiratet haben. Wenn man aber jetzt im Kalender nachsieht, muss es ein Samstag gewesen sein, was aber an sich tatsächlich unwahrscheinlich ist, denn in dem Dorf, in dem wir geheiratet haben, hat das Standesamt in der Regel nicht samstags auf …

Ein paar Wochen vor der Trauung machte ich den »Fehler«, einer Nachbarin von unseren Plänen zu erzählen. Sie verhaspelte sich regelrecht bei ihren überhasteten Nachfragen: »Wie, kein Hochzeitskleid? Was, keine Feier? Du willst ernsthaft NICHTS machen? Das geht nicht!« Das verunsicherte mich doch und so ließ ich es zu, dass sie mich regelrecht in den nächsten Brautladen schleifte. Pragmatisch nahm ich das günstigste Kleid, was passte, ließ es aber im Laden hängen, weil ich es erst kurz vor der Trauung holen wollte. Zwischenzeitlich hatte es sich im Dorf schon durch die Kinder herumgesprochen, die im Kindergarten erzählten, dass ihre Eltern nun bald heiraten würden, und so kam eine andere Nachbarin auf uns zu und lud uns am Tag der Trauung zu sich nach Hause zu einem Mittagessen ein. Besagte Nachbarin und ihre Familie waren sehr christlich und sie glaubten wahrscheinlich, so eine gute Tat zu vollbringen. »Gut, dann wäre dies auch geklärt«, dachte ich gleichgültig.

Meine Mutter hatte ich ursprünglich eingeladen, aber ihr war der Weg zu uns zu weit – 300 Kilometer mit dem Auto –, und so schickte sie mir einen Umschlag mit 50 Euro. »Das ist ja schon die dritte Hochzeit!«, schrieb sie mir. Wieder einmal hatte sie mich sehr enttäuscht. Tief in meinem Inneren habe ich mir immer eine Mutter gewünscht, die mir zeigt, dass sie mich liebt, so, wie ich das bei anderen Menschen hin und wieder mitbekomme. Andere Menschen bangen um ihre Eltern, wenn diese schwer erkranken – und ich beneide sie fast darum, was wahrscheinlich schwer zu verstehen ist. Sie haben eine Bindung, die ich nie hatte. Das ist es, worüber ich traure. Ich werde nicht weinen, wenn meine Eltern eines Tages sterben werden, aber ich betrauere die liebevolle Beziehung, die wir nie hatten.

Wenige Wochen vor der Hochzeit verlor ich allerdings Fruchtwasser und wurde ins Krankenhaus eingeliefert. In der 20. Schwangerschaftswoche konnte mir niemand vorhersagen, wie es ausgehen würde, und so hoffte ich, dass sich der Blasenriss wieder schließen würde, was er vorerst auch tat. Da ich erst kurz vor der Hochzeit aus dem Krankenhaus entlassen wurde und vor allem ruhen sollte, schafften wir es nicht mehr, das Brautkleid zu holen, und so hängt es wahrscheinlich immer noch im Geschäft. Die Jungs haben wir aber schick angezogen und auch Lilly und Miriam hatte ich schöne Kleidchen gekauft, die sie am Tag der Hochzeit auch trugen. Es schien ihnen wichtig zu sein.

Am Tag vor der Trauung ging es mir nicht gut. Ich hatte ja schon zweimal geheiratet und zweimal war es schiefgegangen.

War es wirklich die richtige Entscheidung, Rolf zu heiraten? Ich sprach mit ihm darüber und er versicherte mir, dass man sich nie sicher sein kann. Stimmt, da hatte er recht. So konnte ich es immerhin versuchen.

Der Hochzeitstag wurde dann auch mehr als unangenehm. Für mich war die Zeit auf dem Standesamt verschwendete Zeit. Ich wollte, dass es schnell zu Ende geht, denn mit der »Gefühlsduselei« konnte ich nicht viel anfangen. Rolf zum Glück auch nicht. Er raunte mir zu: »Halte durch!«, und das tat ich dann auch und war überglücklich, nach der Trauung in meiner Alltagskleidung das Standesamt wieder verlassen zu können. Anschließend ging es zu der Nachbarin zum Essen. Dieses verlief schweigend, bis die Nachbarin nach kurzer Zeit herauspresste: »Könnt ihr bitte gehen? Mir ist total übel!« Ob dies tatsächlich zutraf, weiß ich nicht, aber im Grunde hat es mich auch nicht interessiert. Eigentlich war ich sogar erleichtert. Selbstverständlich bestanden wir nicht darauf, zu Ende zu essen, sondern gingen nach Hause, um dann den Nachmittag – wie ursprünglich geplant – gemütlich auf der Couch zu verbringen.

Nach dieser Schilderung könnte man davon ausgehen, dass Rolf und ich gefühlskalt miteinander umgehen, aber das Gegenteil ist der Fall. Ich kann es nur nicht auf diese Art zeigen, wie es viele andere Menschen machen. Beispielsweise wäre es mir auch sehr unangenehm, ihn in der Öffentlichkeit zu küssen. Dafür ist es uns beiden wichtig, dass es dem anderen gut geht. Rolf hört mir zu, wenn ich ihm von meinem komplizierten Innenleben berichte, und im Gegenzug schaue ich, ob ich zum Beispiel Anzeichen von Müdigkeit bei ihm entdecke, die durch seine Krankheit leider immer wieder auftritt. Neben der MS haben sich wie bereits gesagt weitere Krankheiten entwickelt, etwa das Fatigue-Syndrom, das sich auf die Leistungsfähigkeit stark auswirkt. In diesen Momenten zeige ich ihm mein Verständnis, wenn er Ruhe braucht, und genauso macht er es bei mir. Wir beide wissen, wie es ist, nicht immer »funktionstüchtig« zu sein, und versuchen uns zu unterstützen, so gut es eben geht.

Diese Glückseligkeit, die ich mit Rolf empfinde, war zuvor niemals Teil meines Lebens. Es gab Momente in meinem Leben, da hätte ich es nicht für möglich gehalten, auf solch einen Menschen zu treffen. Es war nicht so, dass ich gesucht hätte. Umso mehr weiß ich es zu schätzen, dass uns rückblickend viele, viele Zufälle tatsächlich zusammengeführt haben.

MEINE KINDER, MEINE GROßE LIEBE

Liebe zu erklären ist eine große Herausforderung. Ich nehme an, dass sie für jeden Menschen etwas anderes bedeutet. Für mich bedeutet sie in erster Linie, endlich ein Zuhause zu haben, gefüllt mit Menschen, die mir viel bedeuten und denen ich Geborgenheit und Sicherheit vermitteln möchte. Liebe bedeutet für mich auch, die eigenen Bedürfnisse zum Wohle eines anderen Menschen zurückstellen zu können und es im Gegenzug ebenso anzuerkennen, wenn ein anderer Mensch dies für mich tut. In Bezug auf meine Kinder wusste und weiß ich stets, dass sie auf meine Liebe angewiesen sind, wenn sie zu reifen, gesunden Menschen heranwachsen sollen. Als Elternteil hat man viel Macht, und Liebe zu den Kindern bedeutet, diese Macht nie auszunutzen. Es gibt ein Gedicht von Erich Fried über die Liebe, welches mich immer sehr berührt, wenn ich es lese:

Was es ist

Es ist Unsinn
sagt die Vernunft
Es ist was es ist
sagt die Liebe

Es ist Unglück
sagt die Berechnung
Es ist nichts als Schmerz
sagt die Angst
Es ist aussichtslos
sagt die Einsicht
Es ist was es ist
sagt die Liebe

Es ist lächerlich
sagt der Stolz
Es ist leichtsinnig
sagt die Vorsicht
Es ist unmöglich
sagt die Erfahrung
Es ist was es ist
sagt die Liebe

Letztendlich ist Liebe unberechenbar und manchmal fühle ich mich in gewisser Weise sogar hilflos bei dem Gedanken, dass ich meine Lieblingsmenschen verlieren könnte. Durch meine Liebe zu ihnen sind sie für mich unersetzlich geworden. Ich habe schon des Öfteren gehört und gelesen, dass Kinder ihre Eltern automatisch lieben. Das kann ich nicht bestätigen und das liegt in erster Linie daran, dass es mir in meiner Kindheit an Wertschätzung und auch Respekt mir und meinen Gefühlen gegenüber gefehlt hat. Vielleicht ist das ein Grund, weshalb ich die Beziehung zu meinen Kindern ganz bewusst mit diesen Werten aufgebaut habe. Ich nehme sie ernst und wäge unsere Bedürfnisse untereinander ab.

Es gab immer feste Regeln, aber sie waren nie dazu da, um sie stur einzuhalten; dennoch musste es schon einen vernünftigen Grund geben, sie zu brechen. Ich persönlich möchte beispielsweise nicht, dass meine Kinder im Bett essen, und ich glaube, die Gründe dafür können viele Eltern nachvollziehen. Wer hat schon gerne Krümel im Bett oder geschmolzene Schokolade? Aber wenn ein Kind krank war, dann durfte es im Bett essen. Ich habe meine Regeln ständig hinterfragt und die Kinder mehr und mehr in meine Überlegungen miteinbezogen. Damals bei Miriam, als sie noch die Einzige war, bei der Zöliakie diagnostiziert wurde, machte ich manchmal Ausnahmen beim Essen, wenn wir unterwegs waren. Sie musste so strenge Diät halten, dass ich ihr dann auch mal zusätzlich ein Eis erlaubte. Dennoch sind mir Regeln sehr wichtig, weil sie (mir) Sicherheit geben – und Sicherheit gehört für mich zur Liebe dazu. Es muss eine gewisse Vorhersehbarkeit geben.

In unserer Familie gibt es nur eine Regel, die die Kinder nie brechen dürfen: Wenn ein Elternteil etwas verboten hat, ist es nicht erlaubt, zum anderen Elternteil zu laufen und zu hoffen, dass dieser anders entscheidet. Auch wenn Rolf und ich in manchen Situationen unterschiedlich entscheiden würden, gilt für uns die Abmachung, dass die erste Entscheidung eingehalten wird. Die Kinder haben im Laufe der Zeit natürlich sehr wohl herausgefunden, welchen Elternteil sie in den verschiedenen Situationen als ersten befragen. Rolf ist zum Beispiel strenger, wenn es um die Ausgehzeiten geht. Dafür würde er den Kindern niemals zwischendurch eine Süßigkeit verbieten, während ich dann schon mal auf die nahende Hauptmahlzeit hinweise. Danach darf dann die Süßigkeit gerne gegessen werden.

Was für mich nicht zur Liebe gehört, sind Belohnungen und Strafen. Ich erinnere mich, als man bei Jonas in der Therapie in der Tagesklinik ein Belohnungssystem anwendete. Für ein bestimmtes Verhalten bekam er eine Murmel und mit einer gewissen Anzahl an Murmeln durfte er sich ein kleines Geschenk aussuchen. So jedenfalls die Theorie. In der Realität gab es dazu gleich mehrere Konflikte: Jonas liebte Murmeln. Am Eingang der Tagesklinik standen die Gefäße der Kinder und jeder konnte sehen, wie viele Murmeln jedes Kind schon gesammelt hatte. In den Gefäßen der anderen Kinder befand sich vielleicht eine Handvoll Murmeln, aber das Glas von Jonas lief förmlich über. Eines Tages geschah es: Die Klinik hatte keine Murmeln mehr und zwang Jonas, seine einzulösen. Das gab verständlicherweise ein Riesengeschrei bei Jonas – und der Nutzen erschließt sich mir bis heute nicht. Gleichzeitig gab es zu Hause Protest von seinen Geschwistern. Sie konnten einerseits nicht verstehen, dass er sich mit Murmeln »erpressen« ließ, andererseits murrten Miriam und Lilly: »Mama, unser Verhalten ist in der Regel einwandfrei. Müssen wir uns jetzt absichtlich danebenbenehmen, damit wir auch so ein Belohnungssystem erhalten und damit kleine Geschenke?« Für Kinder mag es schwierig zu verstehen sein, doch ich integrierte dieses System nicht in unser Familienleben.

Als genauso wenig sinnvoll sehe ich Strafen an. Ich möchte, dass meine Kinder verstehen, weshalb sie dieses oder jenes tun oder nicht tun sollen. Eine Strafe führt nur dazu, dass sie Angst bekommen, einen Fehler den Eltern zu »beichten«. So war es in meiner Kindheit. Bei schlechten Noten wurde ich »übers Knie gelegt« – im besten Falle. Im schlechtesten Falle wurde ich stundenlang mit Fragen und Einschüchterungen malträtiert und anschließend gab es zusätzlich die Schläge. Es gab in meinem gesamten Schulleben einen einzigen Klassenbucheintrag für mich. Damals hatte ich eine schlechte Note in Französisch geschrieben und traute mich nicht, sie meinen Eltern zu zeigen. Meine Schwester verstand das Dilemma und gemeinsam versuchten wir, die Unterschrift unserer Stiefmutter zu fälschen. Ziemlich stümperhaft allerdings und die Lehrerin kam natürlich dahinter; die Strafe folgte zu Hause. Solche Situationen wollte ich meinen Kindern ersparen. Im Grunde ist ja nichts so schlimm, als dass es sich nicht irgendwie wieder regeln lassen würde. Man muss nur die Verantwortung für seine Taten tragen.

Hinzu kommt: Meine eigene Gelassenheit »Fehlern« oder »Fehlverhalten« gegenüber trug dazu bei, dass meine Kinder auch mit mir und meinen »Fehlern« gelassen und wertschätzend umgehen. Irgendwann hatten sie nämlich sehr gut verstanden, dass ich meine autismusbedingten Schwierigkeiten habe.

Ich kann mich an eine Situation beim Tierarzt erinnern. Ein paar Wochen vor dem Termin hatten wir unseren acht Monate alten, wunderschönen, roten Maine-Coon-Kater Goliath durch eine Infektionskrankheit verloren. Wir waren zwar frühzeitig in der Tierklinik, aber trotz Operation war er nicht mehr zu retten gewesen. Kurz darauf wurde die nächste Katze krank und auch mit ihr fuhren wir in die Klinik und hatten zufällig dieselbe Tierärztin, die letztendlich Goliath eingeschläfert hatte. Ich registrierte, dass sie mich erkannte, doch als sie fragte: »Wie geht's?«, war ich verunsichert. Wollte sie wissen, wie ich mit der Trauer um den Kater fertigwurde? Wollte sie nur ein »gut« hören? Ich musste eine ganze Weile überlegt haben, bis Miriam mich auf einmal am Ärmel zupfte und auf die Katze zeigte. Ach so, darum ging es! Ich sollte nur sagen, wie es der Katze ging. Die Katze erholte sich schnell wieder, doch ich grübelte noch eine Weile über diesen Arztbesuch. Das war eine der Situationen, in denen sich das Mutter-Tochter-Verhältnis umdrehte. Mit den Jahren geschah das immer öfter. Irgendwann begleiteten mich meine Kinder zum Arzt und nicht umgekehrt. Sie beruhigten mich, wenn ich nicht sofort den Weg fand, denn meine Orientierungsfähigkeit ist wie gesagt wirklich ziemlich schlecht, vor allem, wenn ich gestresst bin, was praktisch vor jedem Arztbesuch der Fall ist.

Vor einiger Zeit gab es eine Veranstaltung in der Firma von Miriam, zu der auch die Eltern geladen waren. Allein der Gedanke, Small Talk führen zu müssen, führt bei mir zu Stress, und zu wissen, dass ich auf keinen Fall auffällig sein darf, um Miriam nicht zu schaden, macht es noch schlimmer. Ich wusste aber, dass Miriam viel daran lag, dass nicht nur Rolf, sondern auch ich zur Veranstaltung komme, und so tätigte sie einige Vorbereitungen: Das Zimmer der Veranstaltung wurde auf ihren Hinweis hin abgedunkelt. Da gerade Hochsommer war, konnte sie das gut mit »Es wird sonst zu heiß« erklären. Außerdem weihte sie ein paar Azubikollegen ein, die extra noch mal die Klimaanlage herunterdrehten und auch auf mich achteten, für den Fall, dass es mir zu viel werden würde und ich den Raum verlassen müsste. Allein das Wissen, dass an mich gedacht wurde, ließ mich mit so einem guten Gefühl zu dieser Veranstaltung gehen, dass ich die Kraft hatte, nicht »auffällig« zu sein, und sogar ein paar belanglose Worte mit anderen Eltern wechseln konnte. Dieses große Verantwortungsgefühl bei den Mädchen, das sie in solchen Situationen mir gegenüber haben, zeigt mir, dass mein Verständnis von Liebe und meine Einstellung zu Erziehung die richtige war. Zusätzlich übernehmen sie Verantwortung auch für sich, etwa was Schule, Ausbildung und Studium betrifft.

Ich erkenne bei meinen Kindern auch eine besondere Einstellung zu Natur, Lebensmitteln und Tierwohl. Alles wird hinterfragt und nicht einfach konsumiert. Sie machen sich viele Gedanken, die ich mir in ihrem Alter noch nicht gemacht habe. Vielleicht liegt es daran, dass sie es gewohnt sind, ständig mit unterschiedlichen Sichtweisen konfrontiert zu werden. Da sehe ich übrigens auch eine meiner Stärken: Ich kann meine Meinung ändern, wenn zu einer Situation eine weitere Information hinzugefügt wird. Das ist für mich wie ein Puzzle, welches mit weiteren Teilen ein genaueres Bild ergibt. Das habe ich durch meine Kinder gelernt. In einer Situation wurde mir das besonders deutlich bewusst: Miriam kam in der fünften Klasse mit einem Zettel nach Hause und erzählte, dass eine Lehrerin Flötenunterricht anbieten möchte. Mit Grauen dachte ich an meinen Klavierunterricht zurück, zu dem ich ab dem dritten Lebensjahr gezwungen wurde. Ich nahm den Zettel mit »spitzen Fingern« entgegen und kreuzte entschlossen »nicht einverstanden« an. Ein paar Tage später rief die Lehrerin an und versuchte mich noch einmal zu überreden, da ich die einzige Mutter wäre, die »nein« angekreuzt hätte. Ich bestätigte ihr, dass ich den Flötenunterricht nicht erlaubte. Miriam sprach mich auch nicht noch einmal darauf an, was mir im Nachhinein betrachtet eventuell hätte komisch vorkommen sollen. Doch so vergaß ich die Begebenheit. Bis zum nächsten Zeugnis, das mir Miriam – etwas ängstlich, wie es schien – entgegenstreckte. Verwundert nahm ich es in die Hand und konnte auf den ersten Blick nichts Erschreckendes entdecken, es war gut wie immer. Doch Miriam blieb stumm und leicht nervös vor mir stehen, also betrachtete ich das Zeugnis etwas eingehender. Schließlich blieb mein Blick bei »Flötenunterricht: Note 1« hängen. Zuerst dachte ich, ich sehe nicht richtig, und wollte schon mit meinem Unmut herausplatzen. Bis ich Miriam ansah, die inzwischen Tränen in den Augen hatte.

Da brach es aus ihr heraus: Sie erzählte mir, dass die Flöten-
lehrerin ihr heimlich eine Flöte gekauft und sie ebenso heimlich in der Schule geübt hatte. In dem Moment begriff ich:
Meine Wahrnehmung und meine Geschichte zum Erlernen
eines Instruments hat nichts mit meiner Tochter zu tun. Nur
weil ich schlechte Erfahrungen gemacht hatte, heißt es ja
nicht, dass dies auch für meine Kinder gelten muss. (Auch
wenn ich das Verhalten der Lehrerin noch immer nicht in
Ordnung finde.)

Ich sah ein, dass meine Kinder erwachsen wurden und
durchaus bereit waren, eigene Entscheidungen zu treffen
und dazu zu stehen. In diesem Punkt bin ich Rolf wahrscheinlich – trotz dieser Geschichte – voraus, zumal zum
Erwachsenwerden noch etwas anderes dazu gehört. Innerlich hatte ich mich damit schon lange beschäftigt, während
Rolf den Gedanken von sich schob: Wie sollten wir damit
umgehen, wenn die Kinder mit dem ersten Freund oder der
ersten Freundin nach Hause kommen? Mir war klar, dass es
irgendwann dazu kommen würde, denn das ist die ganz nor-
male Entwicklung. Dennoch bedeutet es auch eine weitere
Ablösung von uns Eltern und besonders Rolf hat daran zu
knabbern, dass er vielleicht irgendwann nicht mehr der aller-
wichtigste Mann im Leben seiner Töchter ist. Vor allem die
Mädchen bemerkten diesen inneren Konflikt bei ihm schnell
und so wurde ich zur Geheimnisträgerin. Dies war wiederum
ein unangenehmer Konflikt für mich, denn bisher hatte ich
meinem Mann alles erzählt. Rolf spürte irgendwann selbst,
dass sich die Stimmung geändert hatte, und begann von allein zu hinterfragen, was geschehen sein könnte. Als er dann

doch vom ersten Freund erfuhr, war er erwartungsgemäß nicht erfreut, akzeptierte es aber wohl oder übel.

Lilly wollte, dass wir ihren Freund kennenlernten, und so lud sie ihn zu uns ein. Offenbar hatte sie ihrem Freund erzählt, dass ihr Papa ihr gerade unberechenbar erschien, und dementsprechend ängstlich klingelte ihr Freund an der Wohnungstür. Rolf schnappte ihn sich sofort und ging mit ihm ins Schlafzimmer, »für ein Gespräch unter vier Augen«. Der anwesende Rest der Familie wartete besorgt vor der Tür. Nach ein paar Minuten hörten wir jedoch lautes Gelächter. Das Eis war gebrochen.

Für mich ist es schwer, wenn ich mitbekomme, dass ein Junge eine meiner Töchter nicht gut behandelt, und noch schwerer ist es für mich, zuzusehen, wie sie ihm dann verzeiht. Einige Dinge, wie vermutlich ein Interesse an einem anderen Mädchen, habe ich mitbekommen und ich hätte sie nicht verziehen, muss mich aber mit meiner Meinung zurückhalten – es geht mich nichts an. Ich muss akzeptieren, dass die Kinder zum Teil alt genug sind, um ihre eigenen Entscheidungen zu treffen, und es spielt keine Rolle, ob ich sie gut oder schlecht finde. Auch die Auswahl der Freunde muss ich akzeptieren. Manchmal sage ich dennoch offen meine Meinung, verlange aber nicht, dass mir gefolgt wird.

Trotzdem ist das Vertrauensverhältnis zu den Mädchen so gut, dass sie mich oft auf intime Dinge ansprechen, mit denen sie niemals zu Rolf gehen würden. Lediglich in einem Punkt hat Rolf »nicht lange gefackelt«. Als klar war, dass die Beziehungen zu den Jungs ernster wurden, wurde das Thema Verhütung offen angesprochen und ein Termin beim Frauenarzt vereinbart. Das wiederum bewundere ich an ihm: Egal, wie mulmig ihm zumute ist – die Sicherheit und Gesundheit der Kinder geht vor.

Es ist nicht immer einfach, abzuwägen, was die Kinder allein entscheiden können und wobei sie Hilfe benötigen. Das ist in jeder Familie anders, da jede Familie individuell ist und ihr eigenes Leben lebt und auch leben darf. Jeder kämpft mit eigenen Schwierigkeiten, jeder hat eigene besondere Momente voller Liebe und Glückseligkeit. Meine Familie ist alles andere als »normal« oder »angepasst«. Meine Familie ist, wie sie ist. Und das ist gut so. Denn für alle gibt es einen Platz, das macht unsere Gesellschaft ja so spannend, lebendig und bunt. Jeder hat seine eigenen Zukunftsträume und jeder einzelne von ihnen hat seine Berechtigung. Für Jonas etwa war schnell klar, dass er nordische Philologie studieren möchte, weil er plant, irgendwann in Schweden zu leben, obwohl er tatsächlich noch nie dort war. Im Moment ist Letzteres noch nicht vorstellbar, aber ich finde es wichtig, Träume zu haben, um sich zu motivieren. Das Studium wird noch einige Zeit in Anspruch nehmen und er wird weiter reifen – und wer weiß? Vielleicht fährt er wirklich irgendwann mit seinen Schlittenhunden zur Arbeit. Lilly dagegen ist noch auf der Suche nach ihrem Zukunftstraum und schwankt dementsprechend noch. Auch sie erhält dabei die Unterstützung von Rolf und mir, die sie braucht. Denn auch das gehört für mich zur Liebe dazu: Die Kinder sein zu lassen, wie sie sind. Sie nicht mit »Murmeln« erziehen zu wollen. Sie nicht bei schwierigen Entscheidungen hängen zu lassen. Sie einzubinden. Zu akzeptieren, wenn sie Flöte spielen lernen wollen. Ihnen Freiraum zu geben, wenn sie ihn brauchen, und sie zu unterstützen, wenn sie schwanken. Denn egal, ob die Kinder nun erwachsen sind oder nicht – sie werden ihre Eltern immer brauchen, genau wie auch ich sie brauche. Weil ich sie liebe.

ANHANG

MEINE FAMILIE STELLT SICH VOR

Mein Name ist Rolf, ich bin 41 Jahre alt und der glückliche Ehemann von Birke und Vater unserer wundervollen Kinder. Bevor ich berentet wurde, war ich examinierter Altenpfleger und Informatikkaufmann. Meine Hobbys sind American Football (ansehen ☺), Computer und Technik sowie Kinofilme und unsere sechs Katzen. Wir leben in der Nähe von Nürnberg.

Hi, ich heiße Miriam. Ihr könnt mich gerne Miri nennen. Ich bin 20 Jahre alt und studiere im Rahmen einer dualen Ausbildung in Nürnberg Wirtschaftswissenschaften. Wenn ich gerade nicht mit Lernen beschäftigt bin, verbringe ich am liebsten meine Zeit damit, zu malen, mit Freunden auszugehen oder meine zwei kleinen Schwestern zu ärgern. ☺ Darüber hinaus unterstütze ich meine Mutter so gut es geht, indem ich sie zu großen Veranstaltungen oder alltäglichen Terminen begleite.

Mein Name ist Lilly und ich bin 17 Jahre alt. Als viertes Kind meiner Mutter mache ich zurzeit mein Abitur auf dem Gymnasium. Des Weiteren helfe ich in meiner Freizeit in einem Supermarkt aus, gebe in Latein Nachhilfe und babysitte seit vier Jahren. Zu meinen Interessen gehören Eislaufen, Inlineskating, Lesen und auch Serien gucken, zu viel mehr reicht leider momentan die Zeit nicht.

Mein Name ist Angelina, ich bin 15 Jahre alt und besuche die achte Klasse eines Gymnasiums. Ich bin vielseitig interessiert und die Enzyklopädie der Familie. Ich habe zu vielen Dingen eine eigene Meinung. Ich engagiere mich im Umweltschutz und bin sehr tierlieb. Meine Hobbys sind Lesen, YouTube und Inliner fahren.

Ich bin Jonas Opitz, 21 Jahre alt, der zweite Sohn meiner Mutter und bin wie sie Autist. Auf der Universität studiere ich Skandinavistik und Philosophie. Meine Hobbys sind Lesen, Musik hören und Videospiele. Meine größte Stärke liegt darin, Vorträge zu halten. Dies ist mir zugutegekommen, als ich in Dillingen und Rosenheim Lehrer und Schulbegleiter zum Thema Autismus aufgeklärt habe und ihnen anhand meines Werdegangs gezeigt habe, dass die Ansichten von Betroffenen auch von Bedeutung sind.

Mein ältestes Kind möchte anonym bleiben und nicht im Buch genannt werden. Diesem Wunsch wird selbstverständlich entsprochen.

DANKSAGUNG

Natürlich danke ich an erster Stelle meiner Familie, die mich von Beginn an jederzeit unterstützt hat.

Danken möchte ich auch Frau Novel, die vom ersten Augenblick an an mich geglaubt und mir eine Struktur vorgegeben hat, anhand derer ich mich gut orientieren konnte.

Vielen Dank auch an meine Lektorin, Frau Panten. Sie ist sehr sensibel mit meinen Texten umgegangen und die Zusammenarbeit war nicht nur respektvoll, sondern auch sehr herzlich.

NORMAN WOLF

Die
Fische
schlafen
noch

Wie ich meinen
Papa an den
Alkohol verlor und
ihn auf der Straße
wiederfand

mvgverlag

Auch als **E-Book** erhältlich

224 Seiten
14,99 € (D) | 15,50 € (A)
ISBN 978-3-7474-0077-7

Norman Wolf

Die Fische schlafen noch

Wie ich meinen Papa an den Alkohol verlor und ihn auf der Straße wiederfand

Als Kind unternimmt Norman mit seinem Vater Angelausflüge, gemeinsam hören sie stundenlang alte Platten und verbringen schöne Nachmittage auf Volksfesten. Doch dann kommt der Einschnitt: Normans Vater verliert seine Arbeit. Zwar schreibt er Bewerbungen und versucht wieder Fuß zu fassen, doch die Tage in der Dorfkneipe werden immer länger. Der Vater wird unberechenbarer und die Eltern streiten sich immer häufiger. Als Norman zwölf Jahre alt ist, sieht er ihn zum letzten Mal. Erst weitere zwölf Jahre später erhält er ein Lebenszeichen, das Norman komplett aus der Bahn wirft: Er muss feststellen, dass sein Vater sich für ein Leben auf der Straße entschieden hat. Norman beschließt, seinen Vater über Twitter zu suchen und löst damit ein enormes Echo aus.
In dieser aufwühlenden Geschichte über die Suche nach dem verlorenen Vater stellt sich Norman seiner Vergangenheit und erzählt, wie das Familienglück langsam zerbrach. Und wie heilsam es ist, endlich über diesen Verlust zu sprechen.

272 Seiten
16,99 € (D) | 17,50 € (A)
ISBN 978-3-7474-0105-7

Sarah Peters

Das Außen bleibt draußen

Wie ich aus Angst jahrelang die Wohnung nicht verlassen habe - und Hypnose mich heilte

Als Sarah Peters mit 21 nach Berlin kommt, sollte das der Startschuss für ein neues Leben sein. Aber erste Ängste und Panikattacken, zunächst bei Begegnungen mit anderen Menschen, beginnen, langsam ihren Alltag einzuschränken. Eine »Phase«, die schon wieder vorbei gehen wird. Doch sie geht nicht vorbei. Im Gegenteil, die Angststörung breitet sich in ihrem Leben aus, wird immer stärker. Zunächst kämpft Sarah dagegen an, bis die Kraft schwindet und sie aus Erschöpfung und Angst die Wohnung nicht mehr verlässt. Ganze vier Jahre, in denen sie auch noch 80 Kilo zunimmt. Doch schließlich findet sie einen Weg hinaus.

Sarah Peters erzählt schonungslos offen, wie sie die Stärke und den Mut fand mithilfe einer ursachenorientierten Hypnosetherapie ihre Ängste und Panikattacken zu überwinden.